AF236873

Inhalt

Herstellung und Verlag:
© 2018
Herstellung und Verlag: BoD – Books on Demand,
Norderstedt.
ISBN: 9783752803099

VORWORT

Lange vor der Ankunft der Spanier in Amerika, verspeisten Native American Völker unterschiedlichste Nahrungsmittel. Heute verzehrte Lebensmittel entspringen zu 60 % amerikanischem Ursprung.

Der eigentliche Reichtum Amerikas fand sich zu keinem Zeitpunkt im Gold, wie Konquistadoren wie Hernán Cortés und Francisco Pizarro vermuteten, sondern in der Fülle jener Pflanzen und Tiere, deren Bereicherung unseres Speiseplanes selbstverständlich scheint.

Der Fülle Amerikas entstammen beispielsweise:
Schokolade, Kürbis, Bohnen, Tabak, Truthahn, Wildreis, Mais, Zucchini, Paprika oder Kartoffel

Gerichte wie Popcorn, „Green Tomatoes" (grüne, frittierte Tomaten), Cornbread (Maisbrot) oder die allseits beliebte Cranberry-Soße fanden sich bereits auf dem Speiseplan der Native American.

Ein simpler Einblick in die Speisezettel der Native American bezeugt, wie unterschiedlich sich die einzelnen Stämme zur Zeit Kolumbus ernährten. Angepasst an Region und Lebensweise, sowie vorherrschender Fauna und Flora standen die verschiedensten Nahrungsmittel auf dem Speiseplan.

Nordwestküste - Rocky Mountains bis Pazifikküste

- Seelöwen, Seeotter, Robben, Schalentiere, verschiedene Fische, Wale, Hirsche, Bergschafe, Bergziegen, Bären, Berglöwen
- Beeren, Ahornsaft

Amerikanische Taiga – Subarktis - Labrador-Halbinseln bis Alaska

- Karibu, Waldbison, Elch, Bär, Biber, Hasen, Kaninchen, Füchse, Vielfraß, verschiedene Fische
- Beeren und andere Pflanzen

Nordosten – östliches Waldland - Mündung des St.-Lorenz-Stromes (Nordgrenze) bis nach Virginia und Kentucky (Südgrenze)

- Fische, Frösche, Schalentiere, Schildkröten, Büffel, Elche, Hirsche, Geflügel
- Mais, wilder Reis, Beeren, Nüsse, Eicheln, Kastanien, Ahornsaft, Bohnen, Kürbis und Melonen verschiedenste Blätter und Wurzel

Plateau Nordkalifornien - kanadisches British Columbia bis Oregon und Idaho

- Verschiedene Fische, Rotwild, Dickhornschafe, Elche, Karibus, Bären, Gabelböcke
- Pinienkerne, Beeren, Wurzeln, Knollen, Schösslingen, Blättern, Grassamen

Prairie und Plains - Mississippi bis Rocky Mountains

- Antilopen, Bären, Rotwild, Hasen, Kaninchen
- Mais, Bohnen, Wildrüben, Kürbisse, Wildreis, Beeren, Wildkirschen, Hagebutten, Eicheln, Kaktusfrüchte, Wildgemüse

Südwesten - Arizona bis New Mexico

- Hirsche, Gabelböcke, Bergschafe, Bären, Kaninchen, Bisons, Meerestiere
- Mesquite- und Schraubenbohnen, Kaktusfrüchten, Wurzeln, Nüssen, Eicheln, Kastanien, Beeren, Grassamen, Mais, Bohnen, Kürbisse

Südosten - Golf von Mexico bis südliches Nordamerikas

- Fische, Schalentiere, Wale, Seeschildkröten, Kaninchen, Bären
- Schraubenbohnen, Kaktusfrüchten, Pinienkernen, Eicheln, Kastanien, Beeren, Samenkörner

Großes Becken – trockene Region innerhalb der Rocky Mountains

- Hasen, Kaninchen, Insekten, Bisons
  Wildpflanzen, Wurzeln, Wildgrassamen, Bitterwurz,
- Beeren, Nüssen, Kaktusfrüchte

Rezepte

Pemmikan (Rezept aus den Plains)

Zutaten:

175 g fein gehacktes Dörrfleisch (Büffel oder Rind)

125 g gehackte saure Kirschen (am besten getrocknet)

6 Esslöffel geschmolzene Butter (oder Rindertalg)

Zubereitung:

Vermenge die Bestandteile und forme daraus 6 kleinere Kugeln - vor dem Servieren kaltstellen!

Anmerkung und Empfehlung:

In das Grundrezept lassen sich verschiedenste Beeren, Fleisch, Fisch oder Trockenfrüchte einmischen. Sie geben dem Pemmikan den eigentlichen Geschmack.

Dank seiner vielseitigen Verwendbarkeit stellte Pemmikan einen Gutteil des Speiseplans. Ob Proviant für Wanderungen, Vorratsmöglichkeit für den Winter, Nutzung als Suppenpulver oder als »Snack« zwischendurch - es erleichterte das Leben der Stämme beträchtlich.

Beef Jerky Pemmikan

Zutaten:
- 1 kg mageres Fleisch (Büffel oder Rind)
- 2 Esslöffel grobkörniges Salz
- 1 Esslöffel gemahlener Ingwer
- 1 kräftige Prise gemahlene Chillischoten

Zubereitung:
Schneide das Fleisch in dicke Streifen (ca. 10 x 2,5 cm x 3 mm). Mische die Gewürze und reibe sie damit ein. Lege die marinierten Stücke auf einen Rost und schiebe alles für 8 - 10 Stunden in den vorgeheizten Ofen (bei knapp 65°C). Lass den Backofen einen Spalt offen – zur Wasserverdampfung.

Nach spätestens 10 Stunden sollten die Fleischstreifen trocken genug sein!

Anmerkung und Empfehlung:
Ursprünglich benötigte die Herstellung mehrere Tage. 1860, mit Einsetzen der industriellen Salzerzeugung, beschleunigte und vereinfachte sich die Erzeugung gravierend.

Salz unterstütze den Trocknungsprozess und hielt zeitgleich Insekten vom Fleisch fern. In konzentriertes Salzwasser getaucht schuf es eine unüberwindliche Kruste zum Schutz des Pemmikans.

KOLONIE- UND SIEDLERZEIT

Wer betrat zuerst amerikanischen Boden? Theorien über die ersten Siedler gibt es viele – klare Beweise fehlen. Jahrtausende vor Kolumbus erblühte auf dem amerikanischen Kontinent kulturelle Vielfalt sondergleichen, die lange Zeit vor der Besiedelung durch europäische Auswanderer bereits ihren Zenit überschritten hatten.

Nach monatelanger Fahrt betrat er 1492 den festen Boden einer Bahamas-Insel. Anfänglich dachte er, seine Reise hätte ihn nach Indien geführt. Seinen Irrtum erkannte er erst viele Jahre später.

Spanische Neuankömmlinge, seinen Fußstapfen folgend, interessierten sich anfänglich nicht für interkulturellen Austausch – sondern für Gold und Edelmetalle. Christliche Missionare bemühten sich wenig später darum, Eingeborenenvölker zum christlichen Glauben zu bekehren – vielfach mit fragwürdigen Methoden.

Zu den ersten tatsächlichen Siedlern gehörten die Pilgerväter der Mayflower. Ihr Wunsch nach Leben in Eigenverantwortung, unabhängig von repressiven Herren, bot erstmals ein freundschaftlicheres Kennenlernen alteingesessener Völker und Neuankömmlingen aus Europa.

Obwohl die Konquistadoren amerikanische Fauna und Flora nach Europa brachten, nutzten erst die Siedler die Möglichkeit für einen kooperativen Umgang miteinander. Fernab der eigentlichen Heimat und aus Notwendigkeit heraus, entstanden neue Gerichte und bisweilen interkulturelle Freundschaften, bei denen beide Seiten profitierten.

Unabhängigkeitskrieg

(19. April 1775 – 3. Sept. 1783)

Im 18. Jahrhundert unterlag ein Gutteil Nordamerikas britischer Kolonialmacht. Die britische Krone, deren Weltreich von Amerika bis Indien reichte, benötigte permanent Geld für ihre fortwährenden, kriegerischen Auseinandersetzungen und Expansionspläne.

Kontinuierlich wachsende Steuerlast rief steigenden Unmut bei den Kolonisten hervor. Nach mehrmaliger, vergeblicher Forderung um Mitspracherecht, beschlossen die Kolonien, gegen ihre Herren in Europa zu rebellieren und um ihre Unabhängigkeit zu kämpfen.

Nach der Unabhängigkeitserklärung (1776) und der Bildung der Konföderation (1777) erhielten die Kolonien 1778 endlich ihre ersehnte Unabhängigkeit.

<u>1781</u>
Ende der Hauptkampfhandlungen nach der britischen Niederlage bei Yorktown.

<u>30. November 1782</u>
Unterzeichnung des Vorfriedens

<u>3. September 1783</u>
Offizielles Ende durch den „Frieden von Paris"

Kämpfer der Krone

Fern ihrer Heimat standen sich auf beiden Seiten (ehemalige) Landsleute gegenüber. Wie später im amerikanischen Bürgerkrieg, kämpften Brüder gegen Brüder. Briten, Deutsche, Franzosen und andere Nationen bekämpften einander im Namen von Ressourcen, Gehorsam und Freiheit.

Soldaten und Söldner trieb der Traum von Gold, reicher Beute und besserem Sold in die Arme von Marine und Armee. Bitter enttäuscht erkannten sie bald die leeren Versprechungen der Krone ihren Kämpfern gegenüber. Oftmals demotiviert fochten sie gegen freiheitsliebende Kolonisten, die einiges zu verlieren hatten.

Bis zu 50 Morgen Land und für jeden Hauptmann (sofern er mindestens 40 Untergebene mitbrachte) bis zu 800 Morgen mit Vieh und Steuerfreiheit verlockten viele, ihre Pflichten aufzugeben und sich den Kolonisten anzuschließen.

Beachtenswert ist die geringe Anzahl an Deserteuren bei den Hessen. Um sie zum Bleiben zu bewegen verfolgte die hessische Führung eine simple, wie folgewirksame Taktik: Wer überlief, gab seine zurückgebliebene Familie für Sanktionen jeglicher Art frei!

Hessisches Soldatenlied:

Frisch auf, ihr Brüder, ins Gewehr,
's geht nach Amerika!
Versammelt schon ist unser Heer,
Vivat, Viktoria!
Das rote Gold, das rote Gold,
das kommt man nur so hergerollt,
da gibt's auch, da gibt's auch, da gibt's
auch bessern Sold!
[...]
Adchö, mein Hessenland, adchö!
Jetzt kommt Amerika.
Und unser Glück geht in die Höh',
Goldberge sind allda!
Dazu, dazu in Feindesland,
was einem fehlt, das nimmt die Hand.
Das ist ein, das ist ein, das ist ein anderer
Stand!

Über 3.0000 getötete und gefangene Kolonisten standen 61 getöteten Engländern und 2 getöteten Hessen gegenüber.

Wie ließen sich die eigenen Soldaten bei der Stange halten? Dieser Frage hatten sich nahezu alle (europäische) Heerführer zu stellen. Im Regelfall halfen pünktliche Bezahlung, ausreichende Ernährung und die Möglichkeit zu plündern.

Zusätzlich bewachten Reiter die marschierenden Truppen. Die Kriegsführung passte sich der Angst vor Deserteuren an. Schlachten verlagerten sich häufiger auf übersichtliche Gelände. Geschlossene Formationen dienten der Überwachung. Angeworbene Soldaten durften keine Möglichkeit zur Flucht haben.

Die Briten – Versorgung aus der Heimat

Ihre Stellung als Weltmacht brachte im 18. Jahrhundert der britischen Krone Vermögen und Status. Soldaten und Söldner dienten dem britischen Herrscherhaus, um den Einfluss Britanniens zu vergrößern und diesen zu halten.

Ausreichende Versorgung gestaltete sich mit der Zeit zum Problem, zumal sich die britische Krone darum bemühte, ihre Armeen aus der Heimat heraus zu versorgen, anstatt das eroberte Land zu plündern. Bisweilen ließ sich das Benötigte in den Kolonien kaufen – wenngleich dies eine Ausnahme darstellte.

Anfängliche Vorsätze schwanden rasch dahin. Dünn besiedelte Kolonien, feindlich gesonnene Bewohner, fehlende Straßennetze und vieles mehr, erschwerten diese Pläne. Mit Beginn der innereuropäischen Kämpfe gegen Frankreich, sah sich die britische Krone gezwungen, ihre Versorgungstaktik zu ändern.

Außerstande sich um ausreichende Versorgung zu kümmern, übernahmen Armee-Vertragspartner diese Aufgabe - Verpackung und vorab festgelegtes Service inklusive. Ein „Kommissar des Schatzamtes" übernahm die Aufgabe, der Qualität und Quantität der Waren zu überprüfen.

Der Hafen Cork entwickelte sich rasch zum bedeutsamen Zentral- und Angelpunkt mit direktem Weg zu den Kolonien. Versorgungsgüter aus allen Teilen der Britischen Inseln warteten in Cork auf ihre Verteilung. Unterstützung wirkte die Marine.

Weiterführende Verteilung innerhalb der Kolonien übernahmen diese Sub-Depots:
Kanada –> Halifax
Amerika –> Montreal und Quebec
Dort ansässige Kommissariate kümmerten sich um die weiterführenden Verteilungsaufgaben.

Bei einer Vertragsdauer von 6 bis 12 Monaten verpflichteten sie sich komplette, tägliche Rationen für eine vorgegebene Anzahl von Soldaten und Söldnern zu liefern.

Heiß begehrt, brachte der Auftrag des Armeevertragspartners hohe Verdienstsummen ein. Dementsprechend heftig konkurrierten potenzielle Anbieter um die Verträge, wobei sich dies positiv auf Qualität und Zustand der Waren auswirkte. Gelieferte Güter hatten für die „Verwendung der Truppen seiner Majestät" geeignet zu sein, bekömmlich und gesund!

Die Verpflichtung der Vertragspartner endete in Cork bei einer letzten Kontrolle. Ungeeignet deklarierte Lieferungen hatte der Vertragspartner zu ersetzen!

1776 erhielt das Unternehmen „Messrs. Nesbitt, Drummond, & Franks" den Auftrag, für tägliche Rationen für 12.000 Mann zu sorgen.

Vorgegebene Liefergüter:

Priorität 1:
Rindfleisch, Schweinefleisch, Brot, Mehl, Haferflocken, Reis, Erbsen, Butter und Salz
Priorität 2:
Käse, Speck, Fisch, Rosinen und Melasse
Priorität 3:
Gemüsearten wie Kartoffeln, Pastinaken, Karotten, Rüben, Kohl und Zwiebeln
zusätzlich:
Zwiebeln, Sauerkraut, Rotwein, Fichtenbier, Malz, Essig, Selleriesamen und braune Senfkörner

Von Verträgen unabhängig, erhielten Soldaten zusätzlich Pflanzensamen zur Aussaat. Dieser Umstand erleichterte bei der Belagerung von Boston deutlich die Versorgungssituation. Frisch gezogene Pflanzen verbesserten die ansonsten karge Ernährung.

Trotz regelmäßig neu ausgehandelter Verträge, gelang es nie, die Versorgung optimal zu sichern. Zum einen variierten die Rationsmengen, zum anderen hielten sich die Vertragspartner nicht zwangsläufig an die Vorgaben.

Oftmals als Teil einer Ration verteilt, diente Alkohol zur Belohnung und zum Ausgleich für erschwerte Dienste oder bei miserablem Wetter. Er galt vielfach als wesentlicher Teil des Alltagslebens, der die Laune hob. Vielfach erhielt der Soldat oder Söldner verdünnten Rum. Bisweilen gab es kleinere Mengen Rotwein, Fichtenbier oder Porter.

Die Priorität von Alkohol lässt sich anhand der Ausgabe-mengen ermessen. 1775 kamen beispielsweise 375.000 Extragallonen Porter zur Verteilung. Fichtenbier ersetzte bisweilen Porter! Im Lauf der Jahre stieg dessen Beliebtheit dermaßen, dass New York 1777 New York seine erste, eigene Brauerei erhielt.

Tatsächliche Versorgungslage

Wie oftmals, hielt die Realität geschmiedeten Plänen nicht stand. Versprechungen und Zusagen versagten regelmäßig.

Fehler im System, miserable Qualität gelieferter Güter bis hin zur Ungenießbarkeit und Schwund beim Transport sorgten für desaströse Zustände, unterversorgte Kämpfer und miserable Laune. In Ermangelung an Alternativen sahen sie sich gezwungen, schimmeliges Brot, ranzige Butter und wurm-verseuchtes Rindfleisch auf den Speiseplan zu setzten.

Unregelmäßige Lieferungen sorgten zusätzlich für Hungerperioden.

Üblicherweise verzehrten Soldaten zu jener Zeit jeden Krümel. Wie miserabel waren die gelieferten Nahrungs-mittelberge, wenn sie beim Abzug keiner mitnahm?

<u>März 1776 - nach der Belagerung von Boston</u>
61 Fässer Schweinefleisch, 32 Firkin Butter, 1.000 Pfund Käse, 12 Fässer Rosinen, 393 Beutel Brot und eine Unmenge Hammelfleisch

<u>1777 – Schlacht von Brandywine</u>
2.000 Beutel Brot landeten im Elk River

Transportprobleme

Viele Vertragspartner bemühten sich ernsthaft, ihre Aufgabe korrekt auszuführen. Fehlerlos übergeben, sorgte der Transport für Schwund und Verderben.

- Diebstähle
- Klimatische Bedingungen (schmelzende Butter in der Sommerhitze)
- Ungeziefer an Bord
- mangelhafte Behälter
- Fehlende Abdeckungen
- fahrlässiger Umgang mit Lebensmittel
- fehlerhafte Proportionierung (zu wenig Fleisch und zu viel Mehl)

Auf Mangelversorgung folgten Hunger und Krankheiten. Britischen Truppen fehlte ausreichend Mehl für Brote. Statt die Kolonisten in die Schranken zu verweisen, galt es den eigenen Magen zu versorgen! Derart geschwächter Kampfgeist britischer Armeeangehöriger verhalf George Washington 1776 nach Delaware.

Weitaus übler trafen es britische Soldaten und Söldner in Indien. Dort reichte der Sold oftmals nicht einmal aus, um sich mit ausreichend Lebensmittel einzudecken. In regelmäßigen Abständen standen sie deswegen am Rande des Verhungerns.

Die Briten – Versorgung in der Fremde

Trotz aufrichtigen Bemühens versagte die britische Krone mit ausreichender Versorgung ihrer Truppen. Basisversorgung mit Mehl und Trockenfleisch funktionierte kaum. Für frische, bekömmliche Kost benötigte es im Regelfall das nähere Umfeld.

In die Zuständigkeit der Kommissare fiel nicht ausschließlich die Verteilung der Lebensmittel, sondern ebenso Organisation frischer Güter. Bisweilen begleiteten Kommissare die Truppen bis ins Feld. Die meisten blieben in den Hauptquartieren zurück.

Verantwortung und Beschaffungsproblematik erschwerten nicht nur diesem Kommissar das Leben und den Alltag.

> **Klage des Kommissar-Generals Nathaniel Day:**
>
> "Since my return to Montreal I have been a slave and prisoner to Business…Writing late at Night has hurt my sight and my close Application and Attention to every part of my department since my Arrival in Canada to this day has greatly impaired my Memory."

Beschaffungsproblematik

Kolonisten verkauften vor allem zu Beginn der Konflikte eher Getreide anstelle von gemahlenem Mehl. Frischfleisch ließ sich kaum käuflich beschaffen. Das Vorkaufsrecht hatten nahezu jederzeit Rebellen, da sie Tiere vorbestellten und vorab reservierten. Es fehlte an Futter für Nutztiere und Heiz- sowie Kochmaterial. Künstlich angehobene Preise brachten die britische Armee zusätzlich in Bedrängnis. Erst verschiedenste Beschlagnahmungsmaßnahmen brachten eine halbwegs moderate Truppenversorgung mit sich.

Kolonisten, Rebellen und Continental Army

Der „Continental Army" unter George Washington erging es kaum besser. August 1776 ließ der „Continental Congress" über 2.000 Flugblätter drucken mit dem Versprechen angemessener Rationen für künftige Mitglieder des „George

Washington's experimental Flying Camp" (Washingtoner Experimentier-Flying Camp). Geplant als mobile Reservetruppe hatte Washington für sie bessere Versorgung eingeplant.

Ähnlich den britischen Truppen erging es Washington. Obwohl seine Leute ihre Versorgung aus der Heimat erhielten, blieben ihm logistische Versorgungsprobleme und – engpässe nicht erspart. Aufgrund dessen verwarf er die Idee der „George Washington's experimental Flying Camp" nach Ablauf der Dienstzeit angemeldeter Soldaten wieder.

Versorgung von Kolonisten, Rebellen und Continental Army

Der „Continental Army" unter George Washington erging es kaum besser. August 1776 ließ der „Continental Congress" über 2.000 Flugblätter drucken mit dem Versprechen angemessener Rationen für künftige Mitglieder des „George Washington's experimental Flying Camp" (Washingtoner Experimentier-Flying Camp). Geplant als mobile Reservetruppe hatte Washington für sie bessere Versorgung eingeplant.

Ähnlich den britischen Truppen erging es Washington. Obwohl seine Leute ihre Versorgung aus der Heimat erhielten, blieben ihm logistische Versorgungsprobleme und – engpässe nicht erspart.

Aufgrund dessen verwarf er die Idee der „George Washington's experimental Flying Camp" nach Ablauf der Dienstzeit angemeldeter Soldaten wieder.

Winter 1777 - Valley Forge

Erschöpfung und ein eisiger, harter Winter nach einem schlachtenreichen Sommer 1776 ließ viele jegliche Hoffnung und Mut verlieren. Geringe Portionen brachten kaum Kalorien, von einem gefüllten Magen vermochten die Kämpfer nur zu träumen.

Tägliche Rationen:

- 1 Pfund Fleisch (Rind, Schwein oder Fisch)
- 1 Pfund Mehl
- 3 Pint Erbsen, Bohnen oder alternatives Gemüse
- 1 Pint Milch
- nach Möglichkeit, zusätzliche kleinere Portionen Reis, Mais und Melasse

Statt Erbsen und Bohnen gab es öfters Mehl. Für Milch existierte kein Ersatz. Zu den häufigsten Gerichten dieses Hungerwinters gehörte regelmäßig der geschmacklose »firecake«, zu dessen Fleischeinlage regelmäßig Maden oder Rüsselkäfer gehörten. Diese und andere Insekten gab es vermehrt in Mehlresten!

Vor Salz starrendes Fleisch gehörte erst gründlichst im Wasser eingeweicht, bevor es sich genießbar zubereiten ließ. Einst kräftige Männer verfielen und siechten dahin. Karge Kost und die Unterbringung in einem altersschwachen, baufälligen Lager hinterließen Spuren.

George Washington bemühte sich um Verbesserung der Situation, bat mehrmals den »Continental Congress« um Hilfe. Diese Bitten erwiesen sich bald als vergebliche Liebesmühe. Erst der glühende Patriot Christopher Ludwick, ein ehemaliger, deutsche Bäcker verschaffte Abhilfe. Er versprach 135 Pfund Brot aus 100 Pfund Mehl zu backen und hielt es ein!

Sein Brot galt binnen kürzester Zeit als wahre Delikatesse. Über fünf Jahre blieb seine Hauptaufgabe die Versorgung hungriger Mägen und unterstützte auf seine Weise den Kampf um die Unabhängigkeit.

Wie Ludwick halfen viele nicht mit Waffen, sondern engagierten sich abseits oder spendeten Nahrung oder andere nützliche Güter. Jede Hilfe zählte!

Die Dauer des Krieges ist nicht zuletzt einer Unterversorgung **beider** Seiten zu verdanken. Bessere Versorgung einer einzigen Seite hätte den Unabhängigkeitskrieg weitaus rascher beendet, ausreichende Versorgung beider Seiten ihn unnötig in die Länge gezogen.

Krieg ist nicht zuletzt ein Kampf um Nahrung und Versorgung der Truppen!

Rezepte

Boston Baked Beans

Zutaten:

500 g weiße Bohnen

2 mittelgroße Zwiebel

1 Teelöffel Nelken

75 g Brauner Zucker

2 Esslöffel Ahornsirup

1 Teelöffel Senfpulver

0,5 Teelöffel schwarzer Pfeffer

500 ml Wasser

200 g Spareribs

Salz nach Bedarf

Zubereitung:

Weiche die Bohnen über Nacht ein. Gieße das Wasser ab, salze und koche sie in frischem Wasser für 90 Minuten. Spicke die Zwiebel mit Nelken und gib sie in einen verschließbaren Topf. Streue knapp ⅔ der Bohnen darüber.

Vermische zwei Drittel des Zuckers, Sirup und die Gewürze mit ausreichend Wasser. Übergieße die Bohnen damit. Lege darauf das Fleisch und übergieße es mit dem restlichen Sirup. Als oberste Schicht gib die restlichen Bohnen.

Leg den Deckel auf den Eintopf und stelle ihn in den Ofen. Gare das Ganze für 4-5 Stunden bei 175 Grad C. 30 Minuten vor Ablauf der Zeit nimm den Topf aus dem Backofen, streue den restlichen Zucker über die Bohnen und vollende die letzte halbe Stunde erneut im Backofen.

Achte darauf, dass die Baked Beans nicht anbrennen. Gieße bei Bedarf heißes Wasser nach!

Serviere die Bohnen mit dunklem Brot!

Anmerkung und Empfehlung:
„Baked Beans" gilt als eines der ältesten Gerichte der Pionierzeit. Amerika wie Kanada betrachten Baked Beans als ihre Nationalspeise.

Ein ähnliches Gericht stammt von den nordamerikanischen Native American. Diese bereiteten weiße Bohnen zusammen mit Ahornsirup und Bärenfett in einem mit heißen Steinen oder heißer Asche gefüllten Erdloch zu.

Europäische Siedler ersetzten das Erdloch durch einen Topf, den Ahornsirup durch anderen Sirupe und das Bären- durch Schweinefett. Bis Ende des 19. Jahrhunderts kam Tomatensoße als weiterer, fixer Bestandteil des Gerichts hinzu.

Gegen »Baked Beans« hatte nicht einmal die Puritaner Neuenglands Einwände, fanden ihre Freude daran, da es sich am geheiligten Tag komplett ohne Arbeit und Aufwand zubereiten ließ. Gleiches galt für andere christliche Familien Neuenglands. Dieses Gericht half ihnen den Sonntag, ohne Kocharbeit zu verbringen.

Dunkles Brot, Bostoner Hafenbrot oder Pumpernickel stellte die Beilage.

> **Um 1857 - typisches Rezept aus Neuengland:**
>
> „Nimm anderthalb Liter weiße Bohnen und stelle sie über Nacht in kaltes Wasser. Nimm sie am nächsten Morgen heraus, wasche und putze sie gut, dann schütte sie in einen Topf und koche sie, bis sie weich sind. Dann schütte sie in ein Gefäß aus Lehm. Schneide ein schönes Stück Schweinefleisch ab und lege es auf die Bohnen. Backe alles, bis es gut braun ist. Dieses ist ein gutes Gericht für einen Wintertag."

Inzwischen gehören sie zur typischen Standardküche, denen Boston heute den Spitznamen »Bean Town« verdankt. In vielen, ländlichen, neuenglischen Gemeinden finden bis heute sonntags „Church Suppers" statt, bei denen »Baked Beans« das Hauptgericht bilden.

Bis heute ist die Bedeutung der »Baked Beans« in angloamerikanischen Ländern derart immens, dass sie in gängigen Industriestatistiken als eigene Produktgruppe neben Tomaten und anderen Gemüse zählen.

Johnny Cake oder Cornbread

Zutaten:

40 g Weizenmehl

200 g Maismehl

1 Teelöffel Salz

1 Teelöffel Zucker

1 Esslöffel Backpulver

2 Eier, gut verquirlt

250 ml Wasser

4 Esslöffel zerlassene Butter

ausreichend Butter für die Form

Zubereitung:

Heize den Ofen auf 200°C vor. Fette eine Form dünn mit Butter ein.

Verrühre in einer Schüssel Eier, Milch und zerlassene Butter. Mische die Mehle in einer größeren Schüssel und gib die Eier/Milch/Buttermischung darüber. Knete den Teig glatt.

Fülle ihn in die Form und backe ihn für 30 Minuten.

Stich in der Mitte mit einem Messer in den Teig. Bleibt kein Teig am Messer haften, ist er fertig. Ansonsten benötigt er weitere Zeit zum Ausbacken.

Schneide anschließend 9 quadratische Stücke aus.

Anmerkung und Empfehlung:

Cornbread gehörte in den Kolonien zu den Grundnahrungsmitteln.

Johnny Cake oder Cornbread - Lagerfeuervariante

Zutaten:

Mehl (nach Augenmaß 500 g)
1 Ei
Salz nach Wunsch
1 Stückchen weiche Butter
Backpulver
Milch oder Wasser nach Vorhandensein

Zubereitung:

Knete die Zutaten zu einem Teig, bis er nicht mehr an den Fingern klebt. Nimm Milch oder Wasser, bis der Teig glatt genug ist.
Forme ihn zu einer dicken Rolle und schneide breitere Stücke ab. Leg sie in die heiße Asche und bedecke sie mit Glut, bis sie fertig sind.

Anmerkung und Empfehlung:

In Asche vergraben und mit Glut bedeckt, ließen sich Glut- und Aschereste einfach abklopfen. Klang das Gebäck beim darauf Klopfen hohl, war es fertig!

Französisch-Kanadische Erbsensuppe

Zutaten:

1 Packung getrocknete gelbe Erbsen
3 Zwiebeln
6 Kartoffeln
1 Stück Pökelfleisch und/oder geräucherter Speck

Ahornsirup

Salz, Pfeffer, Salbei und Thymian nach Bedarf

Zubereitung:

Koche die Erbsen weich. Rühre Zwiebel, Kartoffel und Fleisch unter.

Koche diese Mischung erneut auf, bis die Kartoffel weich sind.

Schmecke mit Thymian und Salbei ab und füge nach Geschmack Ahornsirup hinzu.

Anmerkung und Empfehlung:

Wie Gulasch gekocht schmeckt sie am besten. Koche sie lange und wärme sie am nächsten Tag auf.

Rezept für Maisbrot (Friedrich Gerstäcker "Wie ist es denn nun eigentlich in Amerika".):

"Das Brotbacken geschieht in den Wäldern zu jeder Mahlzeit, und ist der Mais gemahlen, so wird das durchgesiebte nun ziemlich feine Mehl mit Wasser und etwas Fett (soll es recht gut werden, mit Milch statt Wasser, und nicht selten mit Beimischung von etwas eingekochtem Kürbis) angerührt, dann flache Kuchen geschlagen und auf einem eisernen Deckel schräg gegen die Kohlen gestellt oder in ein flaches bedecktes Kasserol getan, wo es durch Kohlenglut von oben und unten gebacken wird, bis es braun ist."

Firecake

Zutaten:

Mehl, Wasser und Salz nach Vorhandensein

Zubereitung:

Mische die vorhandenen Zutaten zusammen, bilde sie zu einem Kuchen und backe diesen auf einem Felsen im oder über dem Feuer. Zieh Asche zum Schwärzen heran.

Nutze alternativ eine Form, in der du Mehl mit wenig Salz und Wasser zu einem dicken, feuchten Teig mischst, bis er nicht mehr klebt. Gib diesen Kuchen auf ein gefettetes Blech und backe es, bis er bräunliche Farbe annimmt. Backe den Teig wie Kekse aus.

Anmerkung und Empfehlung:

Das Ergebnis schmeckt fade. Im Unabhängigkeitskrieg stellte der Firecake die hauptsächliche Grundnahrung eines Soldaten dar, der keine regelmäßigen Rationen erhielt.

Spruce- oder Fichtenbier (aus "Die Bier-Brauerei":

Man nehme auf 1.000 Quart 160 bis 180 Pfund Syrup und 10 Pfund amerikanischen Spruce-Extrakt ebenso 2 Pfund Süßholz. Diese Materialien werden mit 1.000 Quart

70 gradigem heißem Wasser überschüttet, – auf 10 Minuten zum Kochen gebracht, schnell vom Feuer entfernet, langsam abgekühlt, sobald die Mischung auf 14 Grad gesunken, gibt man 10 Schopfen Hefe dazu, schöpft bei der eintretenden Gärung die Hefe ab und bring nach vollendeter Gärung das Bier auf die Flaschen.

Das Süßholz muss in einem Leinwand-Säckchen in die siedende Flüssigkeit eingehängt und bevor man die Hefe beisetzt aus der Flüssigkeit entfernt werden.

Gebraut aus der Frucht der kanadischen Fichte oder Tanne, entwickelte sich das Spruce- oder Fichtenbier zu einem ausgezeichneten Exportgut, das es bis nach England und Westindien schaffte.

ÜBERGANGSZEIT

Dem Unabhängigkeitskrieg folgten nahezu 80 Jahre, in denen Amerika zu einer Einheit verschmolz. Stolz auf ihre junge Freiheit, darum bemüht, zu erschaffen, blühte bald die Wirtschaft. Staaten bildeten sich, formten eine neue, gemeinsame Nation, in der Menschen Freiheiten fanden, die sie in Europa bitter vermissten.

Wo Europa mühsam hinterherhinkte, vermochte Amerika auf fruchtbaren Boden und kluge Köpfe zurückgreifen.

Über dieser Blüte schwebte der Schatten der Sklaverei!

Sklaverei und Sklavenhandel

Lange Zeit vor Ankunft der Europäer handelten die Völker südlich der Sahara, im Orient und im islamischen Nordafrika mit Sklaven (Ghana, Mali und Songhai, im Ashanti-Reich im heutigen Ghana, in Benin und bei den Haussa im heutigen Nigeria sowie im Kongogebiet).

Seit der Antike boten nordafrikanische Händler versklavte Menschen an. Im Regelfall handelte es sich bei ihnen um Schwarze unterschiedlichster afrikanischer Völker – vereinzelt gab es weiße Sklaven aus dem Kaukasus und Südrussland im Angebot. Besonderer Beliebtheit erfreuten sich kräftige, junge Männer.

Europäer nutzten bisweilen dieses System für ihre eigenen Zwecke. Ehemalige Europäer, nach Amerika ausgewandert, forderten dort ebenfalls Sklaven an – im Regelfall gekauft von Arabern oder Afrikanern.

Es ist ein Märchen, dass Amerika den Sklavenhandel erst ins Leben rief! Wer kaufte, profitierte von vorhandenen Strukturen! Die Versklavungsmaschinerie florierte derartig, dass manche Herrscher für Bares ihre eigenen Untertanen verkauften. Ungezählte Konflikte und Kriege existierten im Inneren Afrikas mit dem Ziel, Gefangene für den Handel zu gewinnen.

In Amerika angekommen und verkauft unterlagen sie Regelungen und Gesetzesbüchern, die den Umgang mit ihnen reglementierten. Sie regulierten rechtliche Bestimmungen und den damit verbundenen Status sowie Einfluss auf die Lage der Versklavten.

- <u>Französische Kolonien</u> - „Code noir" von 1685 oder „Código Carolino" von 1785
- <u>Britische Kolonien</u> - „Barbados Code"

<u>1444</u>
Verschiffung nordwestafrikanischer Sklaven nach Portugal

<u>1482</u>
Errichtung eines portugiesischen Stützpunktes an der ghanaischen Küste zur Transporterleichterung

<u>1501</u>
Spanien erteilte Siedlern die Erlaubnis, neue Arbeitskräfte (Sklaven aus Afrika) nach Amerika zu verschiffen

<u>1518</u>
erste direkte Transporte brachten die „Ware Sklave" in die Neue Welt

<u>1808</u>
Verbot des Sklavenhandels in die Kolonien

<u>1865</u>
Abschaffung der Sklaverei in Amerika

Annähernd 95 % der Sklaven schufteten in karibischen und südamerikanischen Plantagen und Haushalten - die restlichen 5 % landeten in Nordamerika!

Unter den Tisch fällt gerne die Tatsache, dass es europäische Sklaven in Amerika gab – Straftäter, die nach Verbüßung ihrer Strafe wieder die Freiheit erhielten.

Eindämmungsversuche sowie der Wunsch nach einem Ende des Sklavenhandels existierte – unter massiver Beteiligung religiös-pietistischer Gruppen (beispielsweise Quäker) sowie der Methodisten.

Vielfach feiern wir Lincoln für seinen Wunsch der Abschaffung der Sklaverei. Den eigentlichen Auslöser zur Abschaffung rief eine andere Tatsache ins Leben:
-> *Haiti und seine Sklavenaufstände!*

Bis heute ist diese Nation die **EINZIGE**, die es aus eigener Kraft vermochte, sich von den Fesseln ihrer Versklaver zu befreien!

1517
der spanische König Karl V erlaubte die Verschleppung von 15.000 afrikanischen Sklaven nach Haiti

1522
Niederschlagung des ersten Sklavenaufstandes
Entstehung der Marronage-Bewegung, die flüchtende Sklaven unter der Führung ehemaliger, afrikanischer Adeliger und Priester unterstützte

1664
König Ludwig XIV von Frankreich erließ den „Code noir" – Sklaven seien zu taufen und im Katholizismus zu unterrichten

1765
Gründung einer eigenen, bewaffneten Truppe zur Auflösung von Sklavenaufständen

1757
Sklavenaufstand unter Führung des Voodoo-Priesters Makandal

1791
großer Sklavenaufstand – 12 Jahre Freiheitskampf der Sklaven

1793
Frankreich erkannte den Sieg der Rebellion an - das Ende der Sklaverei in Haiti

Haiti erhielt seine Unabhängigkeit

Die Maroon, flüchtige Sklaven, kämpften sich im Lauf der Jahre durch die „Underground Railroad" (einem Netzwerk, das Sklaven bei der Flucht half) bis nach Nordamerika. Sie brachten den Funken in andere Bundesstaaten und entfachten damit ein Feuer, das Lincoln nur mehr aufzugreifen brauchte!

Haitis Sklaven erhielten durch das Christentum Heiligenbilder, die sie gleichzeitig mit ihren Gottheiten verbanden. Sie schufen ihren eigenen Glauben, der bis heute viele erschauern lässt – *Voodoo!*
Bei genauerer Betrachtung schenkte er den Sklaven die Kraft für ihre Kämpfe und damit die Freiheit!

Die Revolution in Haiti zerstörte gleichzeitig den amerikanischen Hauptsklavenmarkt und befreite über 500.000 Menschen aus der Sklaverei. Dieser Erfolg ermutigte Sklaven und ihre Unterstützer alsbald in Amerika und Brasilien zu Revolten, Komplotten und Geltendmachung von Rechten!

Sezessionskrieg
(12. Apr. 1861 – 13. Mai 1865)

Was verblieb im kollektiven Gedächtnis an Wissen über den Sezessionskrieg? Abgesehen von Lincolns Erschießung im Theater wissen die meisten über die Sklavenbefreiung zu berichten. Allgemein anerkannt, spielte die Sklaverei eine zentrale Rolle in diesem Bruderkrieg.

Eine andere Tatsache ist weitaus weniger bekannt:

Südstaaten

- Legten Wert auf Freihandel
- Wirtschaftliche Konzentration lag auf Landwirtschaft und Plantagen (Tabak, Baumwolle, Zucker, Mais, Reis und Hanf) – bis zu 9 Monate brachten bis zu 3 Jahresernten ein
- 84 % der Bewohner lebten von der Landwirtschaft
- vorhandene, aktive Einwanderungspolitik
- rund 20 % Analphabeten unter den Weißen

Nordstaaten

- Legten Wert auf Schutzzölle
- Wirtschaftliche Konzentration lag auf Industrie
- 40 % der Bewohner lebten von der Landwirtschaft – der Norden vermochte hier nicht mitzuhalten
- kaum vorhandene, aktive Einwanderungspolitik – Sklaven stellten die Arbeitskräfte

- rund 3 % Analphabeten unter den Weißen

Die Frage des Handels gehörte zu den Mitauslösern des Sezessionskrieges. Wirtschaftliche Interessen überwogen anfänglich die Frage des Sklaventums.

Sklaven stellten eine Handelsware dar. Ab 1840 entwickelte sich der Sklavenmarkt exorbitant nach oben. Ähnlich der niederländische Tulpenblase 1637 sprachen zeitgenössische Texte von einer Spekulationsblase – dem »the Negro fever«. Rasant steigende Preise deuteten erstmals auf einen drohenden Konflikt hin – das Spekulationsobjekt »Sklave« entstand.

Beispielsweise trieb die Nominierung Lincolns als Präsidentschaftskandidat die Preise 5 % nach oben! Bei seiner Wahl zum Präsidenten fühlten sich die Südstaaten endgültig einer Übermacht der Nordstaaten ausgeliefert. Sie traten aus der Union aus und bildeten die Konföderation.

Nach dem 21. Juli 1861, der ersten Schlacht am Bull Run, stürzten die Sklavenpreise um 17 % ab - »the Negro fever« platzte!

Stolz auf die Nation

Brüder kämpften gegen Brüder. Vielfach schlossen sich Männer einer Seite nach ihren eigenen Überzeugungen an und standen wortwörtlich ihren Blutsverwandten gegenüber. Beide Seiten – stolz auf ihre Nation – kämpften für die eigene Überzeugung!

Zu den essentiellsten Ausrüstungsteilen gehörte – neben der Waffe – der Haversack. Gefertigt aus dünnem, naturfarbenem Baumwollstoff, fügten Soldaten auf der Innenseite ihren eigenen Namen hinzu – direkt neben die Regimentsnummer und den Namen des Herstellers.

In ihm vermochten Soldaten ihre Tagesrationen aus Erdnüssen, Trockenfleisch, Hardtack, Zucker, Kaffee, Brot und Obst zu transportieren. Wasserdicht, mit Knöpfen aus Blei, Holz oder Horn verschließbar, entsorgten die Soldaten den Tornister rasch als überflüssigen Ballast.

Bei einem Marschgepäck von 21 kg (inklusive 3 – 8 Tagesrationen Verpflegung), fanden sie den Gedanken eines wundgescheuerten Rückens wenig verlockend!

In einer Campaign (aktiven Kampfkampagne) erhielten Soldaten im Regelfall Verpflegung für drei Tage, bestehend aus einer Kombination aus Fleisch und Brot. Nach Möglichkeiten und Gegebenheiten ergänzten Beigaben wie Reis, Erbsen, Bohnen, Trockenfrüchte, Kartoffeln, Melasse, Essig und Salz die Basisverpflegung.

Tabak und Kaffee gehörten zu den beliebtesten »Goodies« und standen vor Alkoholika auf nahezu jeder Wunschliste. Aufgrund dessen erhielten sie grüne Kaffeebohnen zum selber rösten. Bei jeder sich bietenden Gelegenheit strömte der Geruch frisch gerösteter Kaffeebohnen durch die Feldlager.

Soldaten kombinierten ihre Verpflegung und teilten sie untereinander auf. Wer zumindest über rudimentäre Kochkenntnisse verfügte, kümmerte sich um die Zubereitung.

Frisches Fleisch landete im Kochtopf – zur Erhöhung der Haltbarkeit.

Unionssoldaten erhielten mehr Verpflegung und vermochten in „sutler's store" verschiedene Güter wie Obstkonserven, Taschenmesser oder andere Güter zu exorbitanten Preisen zu kaufen. Konföderierten Soldaten blieb diese Option die meiste Zeit versagt.

Sowohl Soldaten wie Zivilisten rangen die Lebensumstände Disziplin im Umgang mit Lebensmitteln ab. Umso erfreuter nahmen Soldaten beider Seiten Pakete ihrer Liebsten entgegen. In ihnen fanden sich Briefe und Güter des täglichen Bedarfs ebenso wie Kekse, Würste und andere Speisen.

Nordstaaten – Unionssoldaten

Durchschnittliche Verpflegung:

- 20 Unzen »salt pork« (gesalzenes Schweinefleisch) oder 20 Unzen Rindfleisch (frisch oder gesalzen)
- 12 Unzen Hardtack in Lager und Garnison oder 16 Unzen Hardtack auf See, auf Feldzug oder einem Marsch
- 1 Unze komprimierte, getrocknetes Mischgemüse oder 1,5 Unzen komprimierte, getrocknete Kartoffel
- Ergänzend standen Bohnen, Erbsen, Reis oder Mais, grüne oder geröstete Kaffeebohnen, Zucker, Salz und Essig auf dem Speiseplan.

Vielfach ungenießbar und zu knapp bemessen, halfen Familie und Freunde mit Lebensmittelpaketen aus der Heimat aus.

Bot sich die Möglichkeit, griffen Soldaten auf käuflichen Erwerb oder auf Diebstahl zurück.

Südstaaten – konföderierte Soldaten

Die durchschnittliche Verpflegung ähnelte der eines Unionssoldaten! Dank Blockaden, monokultureller Landwirtschaft und fehlender Transportmöglichkeiten erhielten sie regelmäßig geringere Mengen im Vergleich zu ihren Kollegen aus dem Norden.

Vielfach stand bei konföderierten Soldaten »corn bread« (Maisbrot) am Speiseplan. Geröstete Zichorienwurzel ersetzte großteils Kaffee.

Obschon es an Nahrung mangelte, gab es ausreichend Tabak, der für die Soldaten aus dem Norden ein begehrtes Gut darstellte. Im Lauf des Krieges entwickelte sich ein beachtlicher Schwarzmarkthandel zwischen deb Soldaten beider Armeen.

Logistik

Ausreichende Versorgung der Soldaten gestaltete sich – ähnlich dem Unabhängigkeitskrieg – zu einem logistischen Alptraum. Obschon beide Seiten über Kommissarabteilungen verfügten, gelang es kaum, alle Betroffenen ausreichend zu versorgen.

Träumend von wohlschmeckendem und ausreichendem Essen blieb es regulär bei Salzfleisch, getrockneten Hülsenfrüchten, Zucker, Hardtack, Trockenobst und Essig. Frisches Gemüse wie Karotten, Zwiebeln, Rüben oder Kartoffeln lieferten in unregelmäßigen Abständen dringend benötigte Vitamine und Nährstoffe.

[40]

Unter derartigen Umständen entstanden Gerichte wie Skillygalee (Eingewichte Hardtack in Fett ausgebacken) oder Coosh (angebratener Speck mit eingerührtem Maismehl).

Nördliche Blockaden forderten binnen weniger Monate ihren Tribut – es herrschte Mangel- und Unterversorgung selbst mit dem Notwendigsten. Dies traf sowohl Soldaten wie Zivilisten. Ein kurzer Blick in historische Kochbücher der damaligen Ära zeigt deutlich die Knappheit im Süden, von der im Norden wenig existierte.

Lawrence VanAlstyne, Union Soldier, 128th New York Volunteer Infantry:

We grab our plates and cups, and wait for no second invitation. We each get a piece of meat and a potato, a chunk of bread and a cup of coffee with a spoonful of brown sugar in it. Milk and butter we buy, or go without. We settle down, generally in groups, and the meal is soon over... We save a piece of bread for the last, with which we wipe up everything, and then eat the dish rag. Dinner and breakfast are alike, only sometimes the meat and potatoes are cut up and cooked together, which makes a really delicious stew. Supper is the same, minus the meat and potatoes.

> **Charles Nott, Union Soldier, 16 yrs. old:**
>
> Again we sat down beside (the campfire) for supper. It consisted of hard pilot-bread, raw pork and coffee. The coffee you probably wouldn't recognize in New York. Boiled in an open kettle, and about the color of a brownstone front, it was nevertheless... the only warm thing we had.

Eine weitere Problematik stellten mangelhafte Kochkenntnisse dar. Nahrungszubereitung und -verteilung oblag üblicherweise Frauen – männliche Köche standen vor allem in Militärdiensten hinter den Töpfen, seltenst im zivilen Leben!

Daran gewöhnt von ihren Frauen (Mutter, Gattin, Hausangestellte, ...) bekocht zu werden, standen die meisten Soldaten vor dem Feuer und vermochten nicht einmal die einfachsten Gerichte zuzubereiten. Den Umgang mit der Waffe hatten sie von Kindheit an gelernt, den Umgang mit dem Kochlöffel nicht.

In der Anfangsphase des Krieges profitierten die Unionssoldaten von der weisen Voraussicht der »United States Sanitary Commission«. »The Sanitary« lehrte Freiwillige den korrekten Umgang mit Nahrungsmitteln und

Ernährung und schulten in Gesundheitsthemen. In Kriegsphasen verteilten sie Lebensmittel an Soldaten im Feld. Ihr Wissen umfasste die Kenntnisse von Nahrungsmitteltransport, -lagerung und Verfügbarkeit nach Jahreszeit, ebenso wie Versorgung und Zubereitung.

Gelang es, die Grundversorgung zu sichern, kümmerten sie sich um Geschmack und Abwechslung. Hotelbetreiber James M. Sanderson, ausgebildet durch „the United States Sanitary Commission" besuchte Soldaten im Feld und lehrte sie einfachste Kochtechniken. Binnen weniger Tage verbesserte sich die Versorgungslage vorort gravierend!

Nach der ersten Schlacht von Bull Run, am 22. Juli 1861, wandte er sich mit einem simplen Vorschlag an das Kriegsministerium. Er bot an, wenigen, ausgewählten Soldaten die wesentlichsten Grundlagen im Kochen zu vermitteln. Im Anschluss an diese Ausbildung hätten sie sich zu zweit, um jeweils 100 Mann zu kümmern. Im Rang eines »Cook Majors« und einem monatlichen Salär von 50 Dollar, läge es in ihrer Verantwortung Essen vorzubereiten und zu rationieren, sowie Aufgaben an ihnen untergebene Soldaten zu delegieren.

Für diesen Vorschlag erhielt Sanderson den Posten eines Hauptmannes im Büro des Generalkommissars im Kriegsministerium.

In dieser Zeit schrieb er sein erstes Kochbuch:
Camp Fires and Camp Cooking; or Culinary Hints for the Soldier: Including Receipt for Making Bread in the "Portable Field Oven" Furnished by the Subsistence Department.

Darin beschriebene, simple, im Feld anwendbare Techniken, füllten im Lauf der Jahre ungezählte Soldatenmägen.

Zusätzliche, frische Nahrung, brachten Haustiere – obwohl ihre Haltung nach Vorgaben von oben strikten Verboten unterlag!

Wirkungs- und zahnlos blieben die Vorgaben – da selbst General Lee ein Huhn hielt, das ihm täglich ein frisches Ei auf den Tisch zauberte.

Bei Hühnern blieb es nicht! Katzen, Hunde, Eichhörnchen, Waschbären und andere Tiere erfüllten den Alltag der Soldaten im Feld mit Abwechslung.

Rezepte

Hopping John

Zutaten:

1 Liter Wasser

500 g getrocknete Schwarzaugenbohnen

150 g gepökeltes, klein gewürfeltes Schweinefleisch

1 große, gehackte grüne Paprika

1 große, gehackte Zwiebel

6 gehackte Knoblauchzehen

1 Teelöffel Kreuzkümmel

1 Teelöffel Thymian

1 Dose Tomatenmark

1 Teelöffel Cayennepfeffer

200 g ungekochter Reis

Salz und Pfeffer

Zubereitung:

Weiche die Bohnen in einem Topf mit Wasser für 45 Minuten ein und koche sie im Anschluss weich.

Brate in einer Pfanne das Schweinefleisch an und füge Paprika, Zwiebel und Gewürze hinzu. Schwitze alles an, gib Tomatenmark sowie Wasser hinzu und rühre alles gut um. Mische Bohnen und Reis unter. Stell den Topf bei niedriger Flamme auf die Herdplatte und koche den Inhalt für 20 Minuten. Gieße bei Bedarf mit Wasser auf und rühre regelmäßig um.

Schmecke mit Salz und Pfeffer ab.

Anmerkung und Empfehlung:

Geschnittener Koriander und Frühlingszwiebel verleihen diesem Gericht eine frische Note.

Die Ursprünge des »Hopping John« finden sich in Afrika, von Sklaven nach Amerika mitgebracht und mit den dortigen Lebensmitteln vermengt, erfreut es sich bis heute stetiger Beliebtheit. Südstaatenküche allgemein, Cajun-Küche Louisianas und kreolische Rezepte verdanken wir ehemaligen Sklavengenerationen! Heute steht dieses »Soulfood« für das Lebensgefühl des schwarzen Amerika – weltweit!

Mint Julep

Zutaten:

    10 bis 12 frische Minzblätter
    20-30 ml Whisky
    5-10 ml Brandy
    Spritzer Wasser
    1 Zuckerwürfel oder ein Spritzer Zuckerrohrsirup

Zubereitung:

Bearbeite die Zutaten kräftig mit einem Stößel.

Mixe Whiskey und Brandy in einem Shaker und gieße die zerstoßenen Minzblätter damit auf.
Dekoriere den „Mint Julep" mit frischen Minzblättern.

Anmerkung und Empfehlung:

Originalrezepte des »Mint Julep« gestalteten sich simpel und beinhalteten bisweilen Rum statt Whiskey.

Modernere »Mint Julep« Rezepten sind flexibler in der Auswahl der Zutaten.

Theodore Roosevelt nutzte den »Mint Julep« um Kabinettsmitglieder ins Weiße Haus zu locken – für eine Partie Tennis!

Onion and Apple (Zwiebel und Äpfel)

Zutaten:

   1 Liter Wasser
   500 g gewürfeltes Schweinefleisch
   4 grüne, säuerliche Äpfel
   2 große Zwiebeln
   Salz und Schweinefett nach Bedarf

Zubereitung:

Salze das Schweinefleisch und brate es in einer schweren Eisenpfanne an, bis es knusprig ist. Stelle die Pfanne beiseite. Entkerne die Äpfel, schäle die Zwiebel und schneide beides in dünne Ringe.

Schwitze die Zwiebelringe im Schweinefett an, bis sie braun sind. Füge das Wasser und die Äpfel hinzu. Koche die Zutaten für 5 Minuten.

Serviere das Schweinefleisch als Beilage oder mische sie unter die Apfel-Zwiebel-Pfanne.

Schmecke mit Salz ab!

Anmerkung und Empfehlung:
Deftige und gleichzeitig simple Kost erleichterte den
mühsamen Alltag eines Farmers. „Zwiebel und Äpfel",
kombiniert mit Schweinefleisch, gab es quer durch die
Schichten und stellte ein typisches Rezept der damaligen Zeit
dar.

Hardtack

Zutaten:
> 1 kg Mehl
> 100 g Margarine
> 75 g brauner Zucker
> 3 Teelöffel Salz
> 500 ml Milch

Zubereitung:
Vermenge sämtliche Zutaten zu einem homogenen Teig.
Bemehle ein Holzbrett, gib den Teig drauf und rolle ihn auf
eine Dicke von 1 - 1,5 cm aus.

Schneide Rechtecke oder Quadrate aus. Stich mit einer dicken
Nadel oder einem Zahnstocher Löcher hinein.

Leg die Kekse auf ein bemehltes (Back)Blech mit Backpapier
und schieb es in den Ofen. Backe sie 30 Minuten lang bei 210
Grad. Wende sie nach 15 Minuten und backe sie fertig.

Anmerkung und Empfehlung:

Typische Größenordnungen von 8×7,3×1,2cm oder 3,125×2,875×0,5 Inch entsprachen den Vorgaben der Armeen im Sezessionskrieg.

Tauche die Cracker vor dem Verzehr zur Schonung der Zähne in Flüssigkeiten wie Milch oder Tee.

Navy Bean Soup (Bohnensuppe der Navy)

Zutaten:

1 Tasse getrocknete, weiße Bohnen
5 Tassen Wasser
500 g Speck
1 gehackte Tasse Karotten
¾ gehackte Tassen Zwiebel
1 große, ungeschälte Kartoffel in kleine Stücke geschnitten
1 Teelöffel Salz
½ Teelöffel Pfeffer

Zubereitung:

Wasche die Bohnen. Bedecke sie mit ausreichend Wasser und lass sie über Nacht einweichen. Gieße die Flüssigkeit am nächsten Tag ab.

Gib die 5 Tassen Wasser, Karotten, Speck und Zwiebel dazu. Rühre diese Mischung durch und bringe sie zum Kochen.

Lege einen passenden Deckel darauf und lass den Inhalt 45 Minuten lang köcheln. Füge nach der Kochzeit die restlichen Zutaten zum Eintopf und koche erneut auf.

Sobald die Zutaten gargekocht sind, ist die Bohnensuppe fertig.

Anmerkung und Empfehlung:
Alternativ bietet sich eine Dose weißer Bohnen an. Dies ermöglicht rapide Reduktion der Kochdauer!
Für authentischeren Geschmack verwende einen Topf aus Gusseisen!

Fried Apples (Gebackene Äpfel)

Zutaten:
- 5 größere Äpfel (Granny Smith oder Golden Delicious)
- 4 Esslöffel Butter
- 1 Tasse braunen Zucker
- 0,5 Teelöffel geriebene Muskatnuss

Zubereitung:
Wasche und entkerne die Äpfel. Schneide sie in Stücke – ohne sie zu schälen.

Schmilz die Butter in einer Pfanne. Brate darin die Apfelstücke an. Decke die Pfanne mit einem passenden Deckel ab und gare die Äpfel für 5 Minuten bei mittlerer Hitze.

Rühre behutsam den Zucker und die Muskatnuss unter. Gib bei Bedarf Butter oder Wasser in die Pfanne – die Apfelstücke dürfen nicht anbrennen!

Das Gericht ist fertig, sobald die Äpfel weich genug sind.

Anmerkung und Empfehlung:
Ob Gebratenes (Speck, Bratwürste,...) oder Süßes (Marmelade, Kompott,...) – zu Fried Apples passt nahezu alles.

20. JAHRHUNDERT

In den Jahren nach dem Sezessionskrieg vereinten sich Union und Konföderation erneut zu einem einheitlichen Ganzen. Die Spuren des Krieges reichten bis in die Kochtöpfe.

Geprägt von unterschiedlichsten Einflüssen und verschiedensten Neuankömmlingen entwickelte sich bis zu Beginn des 20. Jahrhunderts eine enorme Vielfalt an Rezepten.

Der verlorene Bürgerkrieg sowie der Beginn der Industrialisierung hinterließen deutliche Spuren bei der Ernährung der Bevölkerung. Kamen die Einwohner der Nordstaaten mit einem blauen Auge davon, trafen die Veränderungen und Entwicklungen den Süden Amerikas umso härter.

Nahrungsmittel entstammten vermehrt industrialisierter Produktion fortschrittlicherer Regionen des mittleren Westens bei gleichzeitigem, geringerem Obst- und Gemüseverbrauch.

Das Debakel der neu entstandenen industriellen Produktion zeigte sich in der Menge der Nährstoffe. Enthielt Bacon hohe Proteinwerte, ließ sich dies von seiner Alternative – dem Fastback (Fettrand direkt unter der Rückenhaut des Schweines) nicht mehr behaupten. Verarbeitete Güter entsprachen oftmals minderwertiger Qualität.

Unter Arbeitern der Baumwollindustrie sowie den ärmeren Teilen der Städte, verbreitete sich zusätzlich die Mangelkrankheit Pellagra. Wer unter dieser „rauen Haut" litt, dem fehlte Nicotinsäure – ein essentielles Vitamin des B-Komplex.

1901 kam es zu erstmals zu Todesfällen durch kontaminierte Diptherie-Impfseren. Im Zuge dessen entstand der Wunsch nach einer Möglichkeit zur Regelung der Lebens- und Arzneimittel.

1906 unterzeichnete Theodore Roosevelt den „Pure Food and Drug Act", der es untersagte verfälschte Lebens- und Arzneimittel zu verkaufen. Heute kennen wir diese Institution als »FDA – US Food and Drug Administration".

1. Weltkrieg

(28. Juli 1914 – 11. Nov. 1918)

Plante Amerika, sich des Kriegsgeschehens zu enthalten, änderte sich dieser Gedanke 1917.

1. Februar 1917
Deutschland erklärte den uneingeschränkten U-Boot-Krieg. Binnen kürzester Zeit brach Amerika diplomatische Beziehungen zu Deutschland ab.

25. Februar 1917

Der britische Passagierdampfer RMS Laconia versank mit 12 Passagieren an Bord – darunter die Amerikanerinnen Mary und Elizabeth Holy. Der Dampfer fiel dem deutschen U-Boot U-50 zum Opfer. Der Journalist Floyd Gibbons berichtete von diesem Unglück – woraufhin sich ein Sturm der Entrüstung auftat. Präsident Woodrow Wilson forderte vom Kongress die Ermächtigung, das Leben aller Amerikaner auf hoher See zu schützen und sei es mit Waffengewalt.

6. April 1917

Amerika trat in den Krieg ein, in dem nahezu 2 Millionen Amerikaner ihr Leben in Europa riskierten.

Über 9,4 Millionen ließen ihr Leben auf den Schlachtfeldern. Österreich-Ungarn kam auf 1,1 Millionen, Deutschland auf über 2 Millionen.

Offiziell aufgelistet durch das US Dept. Of Defense verzeichnete Amerika 116.516 Verluste. Unter die wenigen zivilen amerikanischen Opfer fiel vorrangig das Besatzungspersonal der Handelsmarine.

Doughboy

In Anlehnung an den »mexikanisch-amerikanischen Krieg« (1846 bis 1848) erhielten die Mitglieder des »Marine Corps« und der »United States Army« den Spitznamen »Doughboy«.

Zu den Hauptproblemen des Infanteristen zählte mangelnde Hygiene. Läuse und anderes Ungeziefer quälten und plagten den ohnehin leidgeprüften Soldaten, bis spezielle Entlausungsprogramme Abhilfe schufen.

Bald betrachteten die Doughboy argwöhnisch den französischen Charakter, dessen Hauptzug mangelnde Hygiene zu sein schien – umso deutlicher, wenn er ausnahmsweise ein Quartier außerhalb der Gräben erhielt!

Davon abgesehen, galten die meisten Klagen mangelnder Versorgung, sowie dem regelmäßigen Verbot Feuer zu entzünden.

Bei jeder sich bietenden Gelegenheit nutzten sie Feuer zur Zubereitung von »Slum« oder »Goldfish«. Alle Zutaten, derer sie habhaft wurden, landeten in diesem Eintopf – selbst Lachskonserven.

Obwohl die Doughboy über zu geringe Mengen klagten, erhielten sie mehr, als ihre verbündeten Kameraden:

- Amerikaner – 4.100-4.200 Kalorien
- Briten – 3.000 – 3.600 Kalorien
- Franzosen – 3.400 Kalorien

Jedem Soldaten standen zwei tägliche Mahlzeiten mit Fleischkonserven, Hartbrot, Bohnen, Kartoffeln, Trockenfrüchten oder Marmelade, Kaffee, Zucker, Salz und Pfeffer zu. Tomatendosen, Lachskonserven, und Maissirup stellten im Bedarfsfall Ersatzartikel dar.

Ausreichende Brotmengen fehlten. Lauwarmer Kaffee kam aus den Feldlagern angekarrt – in den Gräben herrschte nach wie vor Feuerverbot! Tomatensaft vermochte den gewünschten alkoholischen Durstlöscher nicht zu ersetzen. An Whiskey und Brandy kamen die Doughboy, dank Verboten, ausgesprochen schwer heran. Stattdessen griffen sie zu legal erhältlichen Weinen und Bieren.

Dosen erleichterten es Amerika, ihre Truppen mit haltbaren Lebensmitteln zu versorgen. Guter Geschmack hinkte hinterher!

Reserve Ration (Reserve Ration)

Mit 2 ¾ Pfund Gewicht und 3.300 Kalorien reichte die »Reserve Ration« für einen Tag. Geschmack und Menge gaben weniger Grund zur Klage – Hauptkritikpunkt stellten Verpackung und Gewicht dar.

Inhalt:

- 1 Dose Fleisch – 1 Pfund Corned Beef
- 2 Dosen Brot – jeweils 8 Unzen schwer
- 2,4 Unzen Zucker
- 1,12 Unzen gerösteter und gemahlener Kaffee
- 0,16 Unzen Salz

Trench Ration (Grabenration)

Für die Bedingungen des Stellungskrieges konzipiert, beinhaltete die »Trench Ration« Konservenbrot und Dosenfleisch (Roastbeef, Corned Beef, Lachs oder Sardinen) für 25 Mann. Ergänzend kamen Salz, Zucker, löslicher Kaffee, Alkohol und Zigaretten hinzu.

Die Ration ließ sich bei Möglichkeit warm zubereiten oder bei Bedarf kalt verzehren.

In Anbetracht gefürchteter Gasangriffe, steckte das Essen in verzinkten Behältern, wodurch ein gewisser Schutz gegeben schien. Problematisch gestalteten sich höheres Gewicht und übermäßiger Verbrauch an Weißblech und Eisen sowie die damit verbundene Schwere und Unhandlichkeit der Verpackung.

Emergency Ration (Notfallration)

Verpackt in ovale, lackierte Dosen, passte die Ration in jede Hosentasche. Darin enthaltene, konzentrierte Lebensmittel, vermochten Soldaten im Notfall am Leben zu erhalten – sofern keine anderen Nahrungsmittel zur Verfügung standen. Bald erhielt die »Emergency Ration« die Spitznamen »Armour Ration« und »Iron Ration«.

Inhalt:

- Drei 3-Unzen-Kuchen (Mischung aus Rinderpulver und gekochtem Weizen)
- Drei Ein-Unzen-Schokoriegel

Nahezu 2 Millionen »Emergency Ration« kamen bis nach Europa. 1922 strich die Armee sie endgültig aus der Liste produzierbarer Armee-Rationen.

Versorgung durch freiwillige Helfer

Unterschiedlichste, karitative Organisationen unterstützten die Soldaten mit Speisen, Trank und Freundlichkeit. Darunter fielen beispielsweise die Salvation Army« (Heilsarmee), »Jewish Welfare Board«, YMCA oder die AEF (American Expeditionary Forces).

Tausende, von ihnen errichtete Zelte und Hütten, boten den Doughboy Erholung, Entspannung und die Möglichkeit den Kriegsalltag für gewisse Zeit hinter sich zu lassen. Warme Getränke und köstliches Gebäck, lächelnde Frauen und verständnisvolle Worte schenkten Trost inmitten der Kriegswirren.

Niemals zuvor gab es derartige Bereitwilligkeit freiwilliger Unterstützung. Alleine die YMCA arbeitete in Europa mit über 26.000 bezahlten und 35.000 Freiwilligen.

Weibliche Freiwillige erinnerten an die Heimat, die eigene Schwester, Mutter oder Freundin. Sie steigerten die Moral durch ihr wohlwollendes Wesen - und indem sie Kaffee, Kuchen, Schokolade und Kekse reichten. Sie schenkten den erschöpften Soldaten ein Stückchen Heimat inmitten der Fremde!

Nahe der Front entwickelte sich der Doughnut zu einer schwer erhältlichen, beliebten Spezialität. Diese Frauen verwöhnten den Doughboy mit dem „Trench Dougnhut« (Brotteig in Schweinefett gebacken und mit Zucker darauf serviert). Binnen kürzester Zeit erhielten diese Freiwilligen den Spitznamen „Doughnut Girl«.

Gedicht eines unbekannten Doughboy:

"Home is where the heart is" –
Thus the Poet sang;
But "home is where the pie is"
For the doughboy gang.
Crullers in the craters
Pastry in Abris
Our Salvation Army lass

Sure knows how to please.

Watch her roll the pie crust
Mellower than gold;
Watch her place it neatly
Within its ample mold;
Sniff the grand Aroma
While it slowly bakes—
Though the whine of Minnie Shells
Echoes far awakes.

Tin hat for a halo!
Ah, she wears it well!
Making pies for homesick lads
Sure is "beating hell";
In a region blasted
By fire and flame and sword
Our Salvation Army lass
Battles for the Lord!

Call me sacrilegious,
And irreverent, too;
Pies? They link us up with Home
As naught else can do!
"Home is where the heart is"—
True, the Poet sang;
But "home is where the pie is"
To the Yankee gang!

   --Anonymous

Nahezu undenkbar und vielfach unerwünscht mit der Waffe an der Front zu stehen – nutzten Frauen andere Möglichkeiten, für ihre Nation zu kämpfen. Sie meldeten sich in hoher Zahl für den Frontdienst, arbeiteten im Kranken- und Pflegebereich und in der militärischen Administration.

In der Heimat werkten sie in Munitionsfabriken (wie bereits im Sezessionskrieg) und ersetzten Männer in frei gewordenen Positionen.

Für die Frauenbewegung bedeutete der 1. Weltkrieg einen kräftigen Schritt vorwärts - wirtschaftlich wie gesellschaftlich!

2. Weltkrieg

Der 1. Weltkrieg – der große Krieg – veränderte das Gesicht der Erde.

Wo Europa mit den Folgen des Krieges kämpfte und wirtschaftlich erst mühsam aus den Gräben zu steigen vermochte, nutzte Amerika seine Chance – die Nation entwickelte sich zu einer Großmacht!

Territoriale Veränderungen:

- Auflösung der Donaumonarchie Österreich- Ungarn
- Abgabe von Westpreußen von Deutschland nach Polen
- Selbständige, neue Staaten Polen, Ungarn, Jugoslawien, Tschechoslowakei sowie das Entstehen neuer Länder
- Territoriale Aufteilung des osmanischen Reiches

Binnen kürzester Zeit zog sich Amerika erneut in eine neutrale Position zurück. Freiwilliger, politischer Rückzug bei weiterhin existenten, wirtschaftlichen Beziehungen zu Europas Staaten, half bei Amerikas Aufstieg zur bedeutendsten Handelsmacht! Die Nation entwickelte sich vom größten Schuldner zum weltgrößten Gläubiger.

Mit dem Börsencrash 1929 endete dieser Aufschwung abrupt.

Unabhängig der wirtschaftlichen wie gesellschaftlichen Entwicklungen, hatte die Armee die Notwendigkeit, für kriegerische Zeiten gerüstet zu sein, erkannt. Dies bedeutete zum Einen die Verbesserung von Waffen und Ausrüstung – zum Anderen die bestmögliche Versorgung der eigenen Truppen.

Vorrangig lag die Forschung auf jenen Teilen der Ernährung, die Erfolg versprachen. Vorhandene Rationseinheiten stellten die Basis der Forschung und Entwicklung dar.

Entwicklung und Verbesserung

1920
Neue, transportablere Behälter kamen ins Spiel. Kombipackungen wichen einzelnen Modulen. Erstmals stellte Schokolade einen fixen Teil der Rationen dar. Löslicher Kaffee ersetzte gerösteten und gemahlenen Kaffee.

Gleichzeitig blieben Versorgungsgrundmuster statisch. Wie bisher stellten Dosenfleisch, Dosenbrot und Getränke(pulver) den Löwenanteil.

1922
Der „Quartermaster Corps Subsistence School" schwebten neue Verpackungen vor.

Eingedost in kleineren Portionsmengen, mit geöltem Papier umwickelt und verpackt in einem Karton, kämen Fleisch, Brot, Schokolade und Kaffee auf einen Rationspreis von $ 1,33.

> **Durchschnitt Amerika 1920:**
>
> Durchschnittseinkommen - $ 1407/Jahr
> Regierungsangestellte - $ 1164/Jahr
> Baugewerbe - $ 970/Jahr
>
> Produkte:
> 1 Pfund Butter - $ 0,70
> 12 Eier - $ 0,78
> 1 Fahrrad - $ 43,00

1923

10.000 Rationen standen zur Verteilung bereit

1925

geringere Mengen an Brot und Corned Beef
Schweinefleisch und Bohnen ersetzten getrocknetes
Rindfleisch

1930

Amerikas Fortschritt erlitt in diesen Tagen gravierende
Dämpfer. 25 % der Bevölkerung lebte ohne reguläres
Einkommen. Ohne einen neuen Krieg in direkter Greifweite
litt der Gedanke der Weiterentwicklung der Armeenahrung.

Dessen ungeachtet, rief das "Army War College" zur Arbeit an
weiteren Entwicklungen auf.

Mühsam arbeiteten sich die Forschungsabteilungen voran.
Die neu geschaffenen »Quartermaster Subsistence Research"
und das "Development Laboratory" experimentierten an

unterschiedlichsten Methoden zur künftigen Truppenversorgung.

Erneut trafen Veränderungen Brot, Kaffee, Schokolade und
Zucker. Eine Aufteilung in eine »A-Unit« (mit Corned Beef)
und eine »B-Unit« (mit Schweinefleisch und Bohnen) stand
kurz bevor.

Trotz aller Bemühungen ließen die Experimente zu wünschen
übrig. Es fehlte kurzerhand am nötigen Engagement. Erst das
Versinken Europas im Chaos sorgte für den notwendigen
Drive in der Entwicklung!

Field Ration D – Feldration D

<u>1937</u>
U.S Army-General Paul Logan erteilte William Clarie, dem
Firmenpräsidenten des Unternehmens Hershey, den Auftrag,
einen Schokoriegel für die Truppe zu entwickeln. Dessen
Chef-Chemiker Sam Hinkle stellte wenig später einen Riegel
vor, der den gewünschten Kriterien entsprach – »Hershey
Ration D Bar«.

Auf 4 Unzen Gewicht kamen 600 Kalorien. Der Riegel
beinhaltete Schokoladenlikör, Zucker, Magermilchpulver,
Kakaobutter, Hafermehl und Vanillin, ergänzt durch Vitamin B
bei geringerer Zuckerkomponente.

Nach einigen misslungenen Versuchen, die teilweise über die
Experimentierphase nicht hinaus kamen, erreichten diese
Riegel höchstmögliche Kalorienwerte bei kleinstmöglicher

Verpackung. Geschmacklich erinnerte der Riegel an eine gekochte Kartoffel.

1938
Diese »Logan Bar«, deren Namensgeber Paul Logan die Entwicklung initiiert hatte, kamen in die Feldversuche.

1939
Die »Logan Bar« teilte sich in eine offizielle Reserve und eine Notfallration auf (bei gleichem Inhalt) und fanden den endgültigen Weg in die Soldatenversorgung unter dem neuen Namen D-Bars.

1940
Eine großangelegte Produktion der D-Bars startete.

1941
Es folgte die Großserienproduktion mit einer monatlichen Produktion von über 200.000 Stück.

1942
Die Produktionsmenge erhöhte sich auf 10 Millionen Stück im gleichen Zeitraum.

1943
Dank ihrer Beliebtheit entwickelte Hershey neue Geschmacksvarianten für unterschiedliche Kampfschauplätze: Tropical Bar, Congo Bar und Dessert Bar

Über 3 Milliarden Einheiten kamen in den Jahren 1940 bis 1945 in Produktion und Verteilung. Einfache, in der

Sommerhitze kaum schmelzende Schokoriegel, entwickelten sich zur beliebten Notfallration.

Field Ration C – Feldration C

Forscher griffen auf Essensrationen aus Vorkriegsversuchen zurück um eine stabile, wohlschmeckende und ernährungstechnisch ausgewogene Kampfration zu entwickeln, die 3 komplette, tägliche Mahlzeiten garantieren sollte.

Maj. WR McReynolds schlug vor, die Reserve-Ration mit einer kompletten Mahlzeit wie Lammeintopf oder Rindfleisch mit Nudeln zu ergänzen, verpackt in zylindrischen Dosen (mit 16 Unzen) statt bisherigen rechteckigen Dosen (mit 12 Unzen).

1939
10 verschiedene Sorten Fleischkombinationen standen bereit. Unter die beliebtesten drei Versionen fielen:

- »meat and beans« (Fleisch und Bohnen)
- »meat-and-vegetable hash« (Fleisch/Gemüse Hash)
- »meat-and-vegetable stew« (Fleisch/Gemüse Eintopf)

1940
In Feldversuchen mit strengsten Auflagen testeten Soldaten weitere Entwicklungen. Kritikpunkte wie Verpackung oder Mangel an Vielfalt standen auf der Liste der Verbesserungen. Kurze Zeit später verabschiedeten sich Soldaten von den früheren, viereckigen Dosen endgültig. Diese wichen den modereneren, praktikableren, runden Modellen.

<u>1941</u>

Ohne es zu wissen, bereitete sich Amerika mit der Produktion von 1,5 Millionen Rationen auf seinen Eintritt in den 2. Weltkrieg vor.

Am 7. Dezember 1941, mit dem Angriff der japanischen Flieger auf Pearl Harbor, endete die Neutralität des Landes. Seine neu entwickelten Spezial-Rationen standen zu diesem Zeitpunkt in ausreichender Menge zur Verfügung.

Notwendigkeit permanenter Weiterentwicklung

Amerika erkannte die Priorität permanenter Weiter-entwicklung selbst in Friedenszeiten. Neue Kampf-bedingungen, bislang unbekannte Waffen, unerwartete Kriegsführung und kaum einschätzbare Gefahrenpotentiale bedingten eine Weiterentwicklung der Waffen ebenso wie der Soldatennahrung.

<u>Vorgaben:</u>
appetitlich, ausgewogen, Versorgung mit ausreichend Kalorien, simpel produzierbar und lange haltbar

Rückschläge in der Entwicklung gab es zur Genüge, trotz neuer Technologien und maschineller Unterstützung. Zwischenzeitlich (1941 - 1945) erhielten Soldaten annähernd eine Milliarde Sonderrationen im Wert von nahezu 675 Millionen Dollar.

Nie zuvor schickte Amerika seine Soldaten in derartig unterschiedliche Regionen der Erde in Kriegseinsatz.

Unterschiedlichste Klimazonen erschwerten die Entwicklung verbesserter Kampf- und Verpflegungsrationen.

D-Ration

Weitaus unproblematischer gestaltete sich die Entwicklung eines Allzweck-Überlebensmittels mit Eignung für sämtliche Klimazonen. Gegen Kriegsende schickten die Entwickler einen schnellen Energie-Snack in Produktion.

In einer Mischung aus Schokolade, Zucker, Trockenmilch, Kakaofett, Hafermehl und unterschiedlicher Aromen kam ein Riegel auf 600 Kalorien pro Bar. Materialknappheit und unterschiedliche Verbesserungsvorschläge erforderten eine neuerliche Anpassung der Verpackungen.

Die D-Ration ließ sich gut lagern, hielt die Qualität über längere Zeit hinweg aufrecht und benötigte kaum Platz. Für damalige Zeiten die optimale Notfallsration!

1944

Die Riegel dienten zur Ergänzung anderer Rationen. Dem Umstand Rechnung tragend, erfolgte eine Verkleinerung der Portionsmenge.

Missbräuchliche Nutzung der D-Rationen als Kampfnahrung, stießen die C- und K-Rationen verstärkt auf Desinteresse.

1945

Einstufung als »limited-standard« mit der Empfehlung der Aufhebung maßgebender Spezifikationen

Massiv forcierte Produktionsmengen fanden alsbald keine Abnehmer mehr. In der Industrie stießen diese Rationen auf verhaltenes Interesse. Hafermehl in der Schokolade und die Kosten für das Abziehen der Verpackung minimierten den Nutzen für zivile Verwendung. Alsbald kam der Vorschlag auf, Kriegsgefangene für diese Aufgabe einzuspannen, die ausgepackte Schokolade in Container zu verpacken und in Fabriken weiterzuverarbeiten.

C-Ration

Ähnlich seiner Vorgängerversion aus dem 1. Weltkrieg, hatte die C-Ration eine Weiterentwicklung mitgemacht. Ausbalancierter, mit besserer Qualität versehen und robuster verpackt, beinhaltete es Fleisch- wie Brot.

Abwechslung blieb Mangelware – passende Fleischkomponenten zu beschaffen und in das »Menü« einzufügen gestaltete sich streckenweise schwer.
Monotonie verhinderte eine durchgängige Akzeptanz, sodass die C-Ration kaum Anklang fand.

1944
Erstmals kamen B-Komponenten in die Verteilung. In einem 6er Pack ließen sie sich beliebig kombinieren. Ausreichend für einen ganzen Tag beinhalteten sie Kekse, Getreide in verarbeiteter Version, Rosinen oder Erdnüsse mit süßlicher Beschichtung, löslichen Kaffee, Getränkepulver wie Zitronen- oder Orangensaftpulver, Bonbons, Marmelade, Kakao und Karamellen. Im Zusatzpaket fand der Soldat jeweils 9

Zigaretten, Halazone Wasserreinigungstabletten, verschiedene Spielbücher, Kaugummi und Dosenöffner.

Neue Fleischkonserven kamen in Verteilung:
Fleisch und Bohnen, Fleisch/Gemüse-Eintopf, Fleisch und Spaghetti, Schinken/Ei/Kartoffeleintopf, Fleisch und Nudeln, Schweinefleisch und Reis, Frankfurter und Bohnen, Schweinefleisch und Bohnen, Schinken und Limabohnen sowie Huhn und Gemüse

Anhand von Feldversuchen zeigte sich deutlich, worauf Soldaten Wert legten – und worauf nicht!

Vereinzelte Fleischgerichte flogen aus dem Sortiment. Halazone Wasserreinigungstabletten fielen weg, stattdessen erweiterte die C-Ration ihr Getränkepulver-Sortiment.

Gleichzeitig entstand eine Aufteilung des Zubehörpaketes:

- Lange Packung – (»Zubehörpaket« mit Kaugummi, Toilettenpapier, Dosenöffner, Granulatsalz, Salztabletten und Holzlöffel.)
- Kurze Packung - »Zigarettenpackung«

K-Ration

In einer Taschenration für Fallschirmjäger fanden Armee-Entwickler ein geeignetes Vorbild. In dieser Drei-Mahlzeiten-Kombination steckten Pemmikan, Kekse und Kaugummi in Kombination mit Malzmilchtabletten, Konservenbrei, löslichem Kaffee und Zucker (zum Frühstück), Dextrosetabletten, Dosenschinkenaufstrich und Brühwürfel (zum Mittagessen) sowie D-Bar Schokolade, Wurst, Zitronenpulver und Zucker (zum Abendessen).

<u>1942</u>
Beginn der Produktion der K-Ration

Von der Air-Force entwickelt, erkannte die Armee das immense Potential. Mehr Kekse, angepasste Fleischrationen und verschiedenste Süßigkeiten, sowie verbesserte Verpackungen sorgten für rasch steigende Beliebtheit.

Kartonverpackungen erhielten eine Beschichtung aus einer thermoplastischen Verbindung kombiniert mit gewachstem Papier. Verpackt in einem zweiten Karton, erhielten die K-Rationen ein passendes Etikett mit dem Vermerk über den Inhalt.

Binnen weniger Wochen trafen erste Bestellungen ein!

<u>1944</u>
Ausgabestellen verteilten nahezu 105 Millionen Rationen

<u>1946</u>
erste Stimmen erklangen, die ein Ende der Produktion der K-Rationen forderten

<u>Mountain Ration (Bergration)</u>

Voneinander unabhängig, entwickelten Labore unterschiedlichste Verpflegungseinheiten, von denen die meisten über das Versuchsstadium nicht hinaus kamen.

<u>1941</u>
Bergtruppen baten um die Entwicklung einer für sie passenden Ration.

<u>Vorgaben:</u>
Maximalgewicht von 40 Unzen, leicht kochbar in den Bergen und passend für eine langsamere Verdauung

<u>1942</u>
Vorstellung des Prototypen bestehend aus 3 Menüs mit folgendem Inhalt:
Carters Brotaufstrich (ein Butterersatz), löslicher Kaffee, Trockenmilch, Kekse, Hartbonbons, Getreide (drei Sorten), dehydrierter Käse, D-Bar-Riegel, Fruchtriegel, Kaugummi, Zitronen- Saftpulver, Trockensuppe, Salz, Zucker, Tee, Zigaretten und Toilettenpapier

- <u>Menü 1:</u>
  Fleisch und dehydriert gebackene Bohnen
- <u>Menü 2:</u>
  Corned Beef und dehydrierte Kartoffeln
- <u>Menü 3:</u>
  Schweinefleisch-Wurstfleisch und vorgekochter Reis

Passend zusammengestellt und in einem stabilen Faserkarton verpackt, mit der Aufschrift " U.S. Army Mountain Ration" versehen, landete die gesamte Ration in einem ähnlich beschrifteten Überkarton.

<u>1943</u>
Nahezu 250.000 Bestellungen trafen ein

[73]

Weitere 600.000 Rationen standen auf der Bestellliste – trotz Warnungen der Labore, dass es an passenden Spezifikationen fehlte.

Binnen kürzester Zeit ausgemustert, erhielten die Soldaten erneut Standardrationen.

Jungle Ration (Dschungelration)

Die Erfordernis, in tropischen Regionen kämpfenden Truppen passende Verpflegung bereitzustellen, sorgte für die Entwicklung der »Jungle Ration«.

Eilends erstellt, ohne konkrete Kenntnisse der tatsächlichen Anforderungen, orientierten sich die Forscher an den Spezifikationen der Mountain Ration mit ausreichend Nahrung für 4 Mann.

Inhalt:
Dosenfleisch, Trockenmilch, Erdnüsse, Kekse, vorgekochtes Getreide, Kaugummi, Zigaretten, Hartbonbons, Kakaogetränkepulver, löslicher Kaffee, Fruchtriegel, Zitronenpulver, Rosinen, Salz, Zucker und Toilettenpapier.

Verpackt in einem speziell konstruierten Vollfaserkarton erfolgte die Verteilung der Jungle Ration.

1942
Ausgabestellen verteilten über 9,6 Millionen Rationen.

1943
Es folgte die Beschaffung von nahezu 10 Millionen Rationen

In Ermangelung spezieller Vorzüge folgte sie rasch dem Vorbild der Mountain Ration:
Binnen kürzester Zeit ausgemustert, erhielten die Soldaten erneut Standardrationen.

5-in-1 Ration

Motorisierte Kampftruppen in Wüstengebieten benötigten spezielle Nahrung in Ermangelung an Flüssigkeit und hoher Temperaturschwankungen (Tag/Nacht).

1942
Vorstellung des Prototypen bestehend aus 3 Menüs mit folgendem Inhalt:
Fleischkombinationen, Gemüse, Kondensmilch, Fruchtsaft, Obst, dehydrierten Suppen, Cerealien und Getränke sowie Kekse, Bonbons, Salz, Zucker und Toilettenpapier

Einfach zuzubereiten und simpel im Handling fand die Ausgabe in einer 5-Mann-Packungseinheit statt.

1943
Einstellung der 5-in-1 Ration, bei Ausgabe von Restbeständen

Spezifikationen der 5-in-1 Ration blieben für spätere Entwicklungsschritte erhalten.

10-in-1 Ration

Im Wesentlichen handelte es sich dabei um eine Doppelpackung der 5-in-1 Ration. Erhöhte Mengen ermöglichten eine größere Kombinationsvielfalt. Zusätzlich stieg die Anzahl der Menüs von 3 auf 5, um möglicher Monotonie vorzubeugen.

Bei gleichzeitig wachsender Vielfalt erfuhr die Verpackung einen kräftigen Entwicklungsschub nach vorne. Entwickler legten vornehmlich Wert auf Schutz der verstauten Güter gegen Wasser, Dampf, Feuchtigkeit und chemische Substanzen. Weiteres Kriterium stellte die Vorgabe dar, unterschiedlichsten Transportproblemen standzuhalten.

In späteren Kriegsjahren adaptierten Forscher anfängliche Spezifikationsvorgaben, bei gleichbleibender Anzahl von 5 unterschiedlichen Menüs.

Assaut Lunch (Angriffsmittagessen)

Seit diversen amphibischen Einsätzen im Pazifik, erkannte die Armee verstärkt die Notwendigkeit rascher Kalorienaufnahme in hoher, kompakter Dosis. Dementsprechend gab die »Army Ground Forces« (Armee-Streitkräften) die Entwicklung einer passenden Ration in Auftrag.

Vorgaben:

- Kaloriengehalt zwischen 1.500 und 2.000 Kalorien
- haltbar bei hohen und niedrigen Temperaturen (zwischen -60 und +130 Fahrenheit)
- Verpackungsschutz gegen Schimmel, Feuchtigkeit und Transportprobleme
- simpel zu öffnen

Auf diese hohen Vorgaben reagierten die Entwicklungslabors mit unorthodoxen und innovativen Ideen. Sie berücksichtigten in der Forschung unterschiedlichste neue wie bekannte Komponenten.

Bis zur Vorstellung des Prototypen behalfen sich die Truppen mit Rationen aus kommerziellen Produkten wie Bonbons, Schokoladeriegeln, Kaugummi, Zigaretten und Streichhölzern, verpackt in wasserdichten Taschen, verteilt kurz vor den Angriffslandungen.

1947
Vorstellung des Prototypen
In einem Plastikfolienpaket mit wiederverschließbarem Klebeband verpackt, beinhaltete der Karton 45 Pakete.

Der Assaut Lunch kam um 2 Jahre zu spät, wodurch seine geplante Produktion aus dem Versuchsstadium nicht hinaus kam.

Typ X Ration

Parallel zum Assaut Lunch arbeiteten Entwickler an der Ration »Typ X« - auszugeben kurz vor und im Zuge einer Invasion.

Mit Keksen, Schokolade, D-Bars, Suppenpulver, löslichem Kaffee, Obstriegeln, Zucker, Kaugummi, Dosenfleisch und Multi-Vitamin-Tabletten, eingepackt in Wachspapier gab es keine offiziellen Unterschiede zu anderen Rationstypen.

Aufgrund der vorgesehenen Geheimhaltung galt ein Verbot von Etiketten, Drucken oder anderweitig gearteten Kennzeichnungen jedweder Art.

1943
Ausfolgung von 600.000 Rationen

1944
Ausfolgung weiterer 250.000 Rationen

Nach Kriegsende verschwanden die Typ X Rationen sang- und klanglos.

Aircrew Lunch (Aircrew Mittagessen)

Erstmals im 1. Weltkrieg nutzten Armeen Flugzeuge für die Kriegsführung. Einfache Flieger mit einem Ehrenkodex versehen, schufen Legenden wie den Kanadier »Arthur Roy Brown« oder den Deutschen »Roten Baron – Manfred von Richthofen«. Im 2. Weltkrieg existierte dieser Ehrenkodex nicht mehr. Der Luftkampf entwickelte sich in erschreckend neue Dimensionen.

4 verschiedene Optionen standen im Fokus der Entwicklung:

- Piloten in Einsitzer- oder Kampfflugzeugen
- Rettungszwecke (Fallschirm)
- Besatzungen und Passagiere in großen Flugzeugen, ausgestattet mit Heizgeräten zum Kochen
- Überlebende von Flugzeugabstürzen

Bislang erhielt die Luftwaffe Standardarmee-Rationen wie 10-in-1, C- oder K-Rationen. Piloten, Besatzungsmitglieder und Passagiere nutzten vorrangig Süßigkeiten, Früchte und Snacks als Inflight-Lebensmittel. Süßigkeiten sorgten binnen kürzester Zeit für rasche Energiezufuhr. Daraus entwickelten sich »amerikanische Candy Supplements«.

1943
Dem Wunsch nach Süßem Rechnung tragend, stellten die Entwickler den »Air Forces Pocket Lunch« vor.

1944
der Nachfolger »Aircrew Lunch« ersetzte den bisherigen »Air Forces Pocket Lunch«

Die Pappkartonverpackung bestand aus einer Zweikammernbox mit Schiebehülse und beinhaltete eine Auswahl kleinerer, loser Süßigkeiten, Schokoriegel und Kaugummis. Diese Verpackung ermöglichte eine bessere Einteilung, wenn der Körper nach Süßem verlangte.

Die Verteilung erfolgte in 5-Gallonen-Dosen zu jeweils 80 Paketen.

AAF Combat Lunch (AAF Kampf Mittagessen)

Im Luftbereich recht unerfahren, erschienen anfänglich dehydrierte Lebensmittel die optimale Lösung für Langstreckenflugmissionen zu sein. In der Annahme ausreichenden Wassers und Kochmöglichkeiten an Bord des Flugzeuges, erschien es logisch, dass die Crew die Gerichte beim Flug zuzubereiten vermochte.

Trockenmilch, Chilipulver oder Tomatenpaste, Bouillonwürfel, Hartbonbon, Kaugummi, vorgekochter Reis, Salz und Dosenöffner, klang nach einer ausgezeichneten Lösung. Die Portionen berechneten sich nach der Anzahl der Besatzungsmitglieder. Fehlten ausreichende Wassermengen, erschien es unmöglich die Rationen selbsttätige zuzubereiten.

1944
Die »Air Quartermaster« (Luftquartiermeister) vermerkten, es bräuchte eine bessere Lösung! Es folgte die Einstellung der Produktion.

1945
Nach Rückmeldungen der Crews vermerkten die Labore, die AAF Combat Lunches seien nicht mehr zeitgemäß.

> **criticism of the AAF Combat Lunch by the Laboratory:**
>
> The consensus of the crew members is that the food is not sufficiently desirable to compensate for the effort required in preparation. Such a large variety of items is not deemed necessary. The majority of crew members think that a few cans of prepared soup, a thermos jug of coffee, a few meat or cheese sandwiches, some fresh fruit (preferably oranges) and a few candy bars would be much more suitable than these flight lunches. The chewing gum, chocolate and Charms (hard candy)

> included in these flight lunches are the
> only items considered desirable

Ration, Parachute, Emergency (Fallschirm Notfall Ration)

Überlebenspakete beinhalteten eine Kombination aus D-Bars, Obstriegel, Süßigkeiten, Zitronensaftpulver und Kekse.

<u>1944</u>
Die "ration, parachute, emergency" ersetzte die bisherigen Überlebenspakete. An die Taschen der Air-Force-Notfallwesten angepasst, enthielt die Neuentwicklung Schokolade, Candys, dehydrierten Käse und Cracker, Bouillonwürfel, Zucker, Zigaretten, Wasserreinigungs-tabletten, löslichen Kaffee, Kaugummi und eine praktische Cellophan-Tasche zur Aufbewahrung unverzehrter Nahrung.

Mit 11 ½ Unzen beinhaltete die Packung 1.062 Kalorien. Diese Notfallration blieb bis 1952 in Militärdiensten.

Liferaft Ration (Rettungsinsel Ration)

1942 erhielten die Mitglieder der Küstenwache und der Handelsmarine über das »Bureau of Marine Inspection« den Prototypen einer neu entwickelten, hochkonzentrierten Ration – die »Liferaft Ration«. In luftdichten Behältern verpackt, vermochte sie heftigsten Stürmen standzuhalten.

Die Packungen des Prototypen beinhalteten 6 Stück in der Größe 2x4 Zoll. Hoher Kohlehydrate-Anteil, Tabletten mit

Fruchtaroma, Kaugummis und jeweils 6 B-Komplex-Vitamintabletten stellten eine absolute Basis-Versorgungseinheit dar.

Die beiliegende Gebrauchsanleitung erklärte den korrekten Umgang mit der Ration:

- Halte den Mund sauber durch Gebrauch des Kaugummis.
- Iss jeden Tag zwei Päckchen Süßigkeiten und eine Vitamintablette.
- Verbrauche zuerst eine Packung komplett, bevor du die zweite öffnest.
- Ergänze die Ration durch zusätzlich zugeführtes Essen (gefangene Fische, Algen, ...).

Die Labore erlebten eine Hochsaison in diesen Jahren. Sie schufen jene Meilensteine, die wir heute in Lebensstilen wie Bushcraft, Survival oder Prepper finden. PB5 und andere hochkonzentrierte Lebensmittel verdanken ihren Ursprung diesen Forschungseinrichtungen!

Verteilungsmethodik

Soldaten erhielten ihre Rationen direkt über Versorgungsstellen – zum Verzehr nach eigenem Ermessen. Bisweilen halfen Feldküchen aus, ergänzten mit frischerer Kost den bisweilen monotonen Speiseplan.

Zusätzlich brachten Feldbäckereien und Feldfleischereien sowie andere Versorgungs- und Unterstützungseinheiten frische Kost. Basierend auf den Erfahrungen des 1.

Weltkrieges unterstützen erneut unterschiedlichste private Organisationen auf freiwilliger Basis.

Abseits der Front holten sich Soldaten ihr Essen direkt in den Kantinen oder bei den Ausgabestellen. Standen sie an der Front, schickten sie einen aus der Einheit, um das Essen für alle zu den Schützengräben zu bringen.

Mit einer warmen Mahlzeit im Bauch ertrugen die Männer deutlich mehr Druck (physisch wie psychisch). Spätestens durch den Winterkrieg (finnisch-sowjetischer Krieg 30.11.1939 – 13.3.1940) gab es konkrete Belege für eine gesteigerte Kampfmoral und Ausdauer bei wärmender Kost. Finnland versorgte seine Truppen öfters mit warmen Speisen, während Sowjets ihre übliche Kaltverpflegung erhielten. Dementsprechend stiegen Kampfmoral und Ausdauer der Finnen bei gleichbleibender Kampfmoral und Ausdauer der Sowjets.

Dieser Tatsache bewusst, unternahmen Offiziere massive Anstrengungen, um ihren Soldaten die benötigte Nahrung zukommen zu lassen, vorzugsweise Feldküchen schienen die Lösung der Versorgungsfrage zu sein.

Über die Feldküche ausgeteilte Speisen mochten vielleicht nicht sonderlich gut schmecken, beinhalteten jedoch alle nötigen Nährstoffe – und das Essen war warm! Reguläre, eintopfähnliche Gerichte wie Gulasch oder Fleischsuppe kamen aus der »Gulaschkanone«, die ihren Spitznamen der Optik des Ofenrohres verdankte.

Sofern diese Möglichkeit nicht bestand, erhielten Soldaten regulär Käse, kleinere, mit Wasser gestreckte Mengen Alkohol, Schokolade, Räucherfleisch, Trockenfrüchte, Brot und andere Lebensmittel mit hoher Kaloriendichte. Primär traf die Auswahl jene Lebensmittel, die längere Zeit ohne Kühlung überstanden.

Vietnamkrieg

(1. Nov. 1955 . 30, April 1975)

Nach dem 1. Weltkrieg brachte der 2. Weltkrieg eine weitere Neustrukturierung von Landkarten und gesellschaftlichen Strukturen mit sich. Kapitalismus und kommunistisches Denken prägten sich in die Köpfe der Menschen überdeutlich ein.

Die Wurzeln des »Wettrüstens« zwischen den Mächten sowie fortgesetzte Entwicklungsarbeit in Forschungslaboren bescherte der Erde bislang unbekanntes Konfliktpotential.

Japan hatte kapituliert, das großdeutsche Reich blieb für Jahre unter den alliierten Mächten aufgeteilt, Kriegs-verbrecher erhielten ihre Strafen.

Kapitalismus vs. Kommunismus

Wo Europas Bürger (vor allem im deutschsprachigen Raum) den russischen Sowjet fürchtete, begrüßte er den amerikanischen G.I.

Was brachte der Sowjet?
Überwachung, Schrecken (Massenvergewaltigungen, Prügel, ...), nötigte »Freiwillige« zur Zwangsarbeit zur Abarbeitung der Kriegskosten, ...

Was brachte der amerikanische G.I.?
Freiheitsdenken, Schokolade für Kinder, den ERP (European Recovery Program) - den bis heute bekannten »Marshallplan«, ...

Vorerst schien die Welt in Ordnung zu sein, aus den Fugen Geratenes fügte sich zu einem neuen Ganzen. Amerika erlebte eine erste Welle des neuen Wirtschaftswunders. Davon profitierte ebenfalls die Nahrungsmittelindustrie, die einiges aus den militärischen Labors für den Zivilmarkt übernahm. Parallel entwickelten sich die beiden Großblöcke Amerika und Sowjetunion zu zwei absolut konträren Wirtschafts- und Gesellschaftssystemen. Es festigten sich kapitalistische wie kommunistische Strukturen.

Kapitalismus und Kommunismus prägten sich in die Köpfe der Menschen überdeutlich ein.

Die Wurzeln des »Wettrüstens« zwischen den Mächten sowie fortgesetzte Entwicklungsarbeit in Forschungslaboren bescherte der Erde bislang unbekanntes Konfliktpotential.

Vietnam

Über Jahrhunderte bekämpften sich China und Vietnam. Mitte des 19. Jahrhunderts gelang es Frankreich die Länder Vietnam, Kambodscha und Laos zu Indochina zusammenzufügen – aufgeteilt in die Regionen Cochinchina, Annam und Tonkin.

Vietnam fürchtete durch diese Entwicklung um die eigene, nationale Identität. Beginnendem vietnamesischem Widerstand begegnete Frankreich mit unterschiedlichsten Mitteln wie der Verwestlichung der vietnamesischen Elite.

1930
Ho Chi Minh gründete die Kommunistische Partei Indochinas

1940
Japanischer Überfall auf Vietnam

1941
Gründung des Viet Minh (Unabhängigkeitstruppe für Vietnam) durch Ho Chi Minh

1945
Zwei Millionen Vietnamesen fielen einer Hungersnot zum Opfer. Der unter Ho Chi Minh gegründete Vietminh organisierte Überfälle auf japanisch Lebensmittellager, wodurch er in der ländlichen Bevölkerung politischen Rückhalt gewann.

Mit der japanischen Kapitulation am 2. September 1945 rief Vietnam die »Demokratische Republik Vietnam« aus.

1949
Frankreich entsandte 160.000 Soldaten, dem ehemaligen Kaiser Bao Dai fiel die Aufgabe eines Marionetten-Staatschef zu.

1950

der Viet Minh erhielt erstmals Militärberater und Waffen aus China

Amerika spendete Frankreich Militärhilfe in Höhe von 15 Millionen Dollar

1954

Frankreich scheiterte bei der Schlacht von Dien Bien Phu

Daraufhin beschloss die Genfer Indochina-Konferenz die Schaffung der Demarkationslinie entlang des 17. Breitengrades.

1960

In Südvietnam entstand die Nationale Befreiungsfront (NLF) – der Vietcong.

1963

Amerika trat in den Krieg ein

1964

Tonkin-Zwischenfall - Nordvietnam griff zwei US-Zerstörer in internationalem Gewässer an.

Daraufhin erhielt Präsident Johnson eine Generalvollmacht vom Kongress – es folgte die erste Bombardierung Nordvietnams – Operation Rolling Thunder!

1969

Präsident Nixon befahl den ersten US-Truppenabzug aus Vietnam.

<u>1972</u>
Nordvietnamesen überschritten die DMZ (Demilitarisierte Zone).

1973
Unterzeichnung des Pariser Friedensvertrages.
Amerikas Truppen ziehen sich aus Vietnam zurück.

<u>1975</u>
Es folgte ein weiterer Angriff Nordvietnams auf Südvietnam, bis sich der Süden den Kommunisten unterwarf.

Amerika zeigte sich gespalten. Es war der erste Krieg, der bis in die Wohnungen der amerikanischen Bevölkerung seinen Weg fand.
Zeitgleich entstand die Bewegung der Blumenkinder – die Hippies. Die Welt war im Aufbruch in eine neue Ära.

Warum mischte sich Amerika in ein fremdes Land ein? Diesen Gedanken trugen Hippies, Studenten und vielfach selbst Veteranen mit sich. Aus anfänglichem Unverständnis entwickelten sich massive Protestbewegungen – besonders mit Einsetzen der Wehrpflicht.

Vielfach entzogen sich junge Männer dieser Pflicht durch legale Mittel (Heirat, Studium,...) - und durch illegale Methoden (Verweigerung, Flucht,...). Mit Ende der Wehrpflicht klangen nahezu zeitgleich die Proteste ab.

Neue Medien und eine sich verändernde Welt wandelte ebenfalls die Einstellung der Menschen. Viele verstanden nicht, warum Amerika eingriff, und zogen Konsequenzen. Vielfach standen Familien und Freunde nicht mehr uneingeschränkt hinter den Jungs im Schützengraben.

Mit Liedern wie „Girls Only Say Yes to Men Who Say No" („Mädchen sagen nur ja zu Männern, die nein sagen") entzogen vielfach Frauen den Soldaten und Verpflichteten ihre Liebe. Andere Frauen kämpften an Seite der Ärzte in Vietnam, um Verwundeten und Gefallenen das Leben zu retten.

Im Kriegseinsatz zählte die Hautfarbe wenig. Farbige wie weiße Soldaten riskierten ihr Leben, kämpften Seite an Seite und lernten sich näher kennen. Der Vietnamkrieg schweißte sie zusammen und half dabei, Vorurteile abzulegen – er half bei der beginnenden Gleichstellung von Afroamerikanern und Weißen!

Stationäre Basislager, Firebases und Militärstationen

Dank neuer Technologien verspeisten Soldaten großteils die Kost ihrer Heimat. Verbesserte Truppenversorgung und entsprechend ausgestattete Basislager ermöglichten dank Kühlung und ausreichenden Liefermengen gewohnte Speisen und Getränke. Abhängig vom Kantinenkoch erhielten sie in den Kantinen Vertrautes wie Hamburger und Cola.

Regulär standen für Soldaten drei heiße Mahlzeiten täglich auf dem Plan. Linieneinheiten erhielten zur Belohnung durchschnittlich einmal im Monat BBQ und eiskaltes Bier oder Limonade.

Mutige probierten traditionelle, vietnamesische Gerichte, bemängelten allerdings zu klein geratene Portionen und »faden« Geschmack. Vertrauter erschienen französische Restaurants in der Innenstadt Saigons oder dem Chinaviertel in Cholon.

Bevorzugt verspeisten amerikanische G.I. vertraute, heimatliche Kost – selbst wenn diese aus der Dose kam. Es bedeutete ein Stück Verbundenheit zur Heimat.

Besonderer Beliebtheit erfreuten sich Pakete von Freundinnen, Gattinnen und Familie. Im Regelfall besser schmeckend, verknüpfte es leckeres Essen mit Erinnerungen an die Liebsten.

Abseits der stationären Basislager und größeren Firebases sah es mit regulärer Versorgung weniger prickelnd aus.

Fronteinsatz

Zurück von der Patrouille erwartete den Soldaten der MKT (mobile kitchen trailers oder MKT-Feldkochanhänger). Klappbare Seitenwände und passende Geräte für den Küchenbetrieb sorgten für Gerichte wie gegrilltes Corned Beef, Kartoffel Lyonnaise, gedünstete Tomaten, Kohl mit Pfeffersalat oder Maisbrot.

In direktem Feldeinsatz erhielt der G.I. reguläre C-Rationen. Südvietnamesische Soldaten brachten ihnen bisweilen das Sammeln von Garnelen bei. Granaten eigneten sich zum Fischen und erfahrene Soldaten kochten mit dem Sprengstoff C4. Bei richtiger Dosierung und ohne Komprimierung brannte C4, ohne zu explodieren.

Nachts Feuer zu entfachen bedeutete das Risiko des Verratens der eigenen Position und damit ein mögliches Todesurteil. In diesen Stunden gab es aus diesem Grund nahezu ausschließlich kalte Kost!

An 300 Tagen im Jahr erhielt der durchschnittliche G.I. im Feldeinsatz C-Rationen ausgehändigt. Infanterieeinheiten auf Mission erhielten, in regelmäßigen Abständen, Nahrung, Wasser, Munition, Kleidung und anderen benötigte Güter via Helikopter geliefert.

Trug der Vietcong seine Reisportionen im Schlauch um den Körper, schleppte der G.I. weitaus mehr Gewicht mit sich. An manchen Tagen erschien es unmöglich die gelieferten Güter in den vorhandenen Taschen zu verstauen. Socken erhielten eine weitere Daseinsberechtigung als zusätzliche Transportbehälter für Dosen.

Generell schleppte der durchschnittliche G.I. Unmengen an Gepäck. Darunter fielen Bewaffnung, Stahlhelm, Munition, Granaten, Verpflegung, Wasser – und noch mehr Munition. Trotz feuchten Klimas trug der G.I. stattliche Wassermengen mit sich.

Zugang zu sauberem Wasser existierte kaum – Wasser aus Pfützen und Flüssen enthielten Parasiten und andere schädliche Organismen. Zur Reinigung nutzten Soldaten Jodtabletten. Wer keine 30 Minuten abzuwarten vermochte, riskierte massive, gesundheitliche Probleme.

Eines der wichtigsten „Ausrüstungsgegenstände" war der »John Wayne« - der Dosenöffner P-38. Seinen Spitznamen erhielt er durch Schulungsfilme, in denen der bekannten Schauspieler John Wayne mitwirkte. Er knackte Dosen und brachte das lebenswichtige Essen zum Vorschein.
Manche trugen ihn neben ihren Dogtaps (militärischen „Hundemarken"), um ihn nicht zu verlieren.

Jeder C-Ration lag eines von 10 unterschiedlichen Sorten Zigarettenpackungen bei – mit jeweils 4 Stück.

Begehrt und beliebt:
  Winston, Marlboro, Kools und Salem

nahezu immer verfügbar:
  Lucky Strikes, Parlament, Chesterfields oder Pall Mall's

Damalige C-Rationen verfügten über unterschiedliche Gerichte. Die Bandbreite reichte von schrecklich (Schinken und Lima Bohnen) bis „kalt genießbar" und begehrt (Pfirsiche und Fruchtcocktail).
Manches ließ sich maximal mit heimatlichen Soßen essen, andere Mahlzeiten erfreuten sich derartiger Beliebtheit, dass sie zu inoffiziellen Tauschmitteln aufstiegen. Unabhängig

davon verfügte jeder über einen kleineren Vorrat an Kaffee, Tee und heißer Schokolade.

---

offizielle Quartermaster Beschreibung der C-Rationen:

"The Meal, Combat, Individual, is designed for issue as the tactical situation dictates, either in individual units as a meal or in multiples of three as a complete ration. Its characteristics emphasize utility, flexibility of use, and more variety of food components than were included in the Ration, Combat, Individual (C Ration), which it replaces. Twelve different menus are included in the specification.

Each menu contains: one canned meat item; one canned fruit, bread or dessert item; one B unit; an accessory packet containing cigarettes, matches, chewing gum, toilet paper, coffee, cream, sugar, and salt; and a spoon. Four can openers are provided in each case of 12 meals. Although the meat item can be eaten cold, it is more palatable when heated.

Each complete meal contains approximately 1200 calories. The daily ration of 3 meals provides approximately 3600 calories."

Rezepte

Army Goulash - Spicy Stew

Zutaten:

1 Dose Schweinefleisch und Bohnen (rund 1 Pfund)

1 mittelgroße Zwiebel

6,5 Unzen Tomatensauce

Chilipulver, Salz und Pfeffer nach Bedarf

Zubereitung:

Mische die Zutaten gut durch. Bring alles zum Kochen und lass sie für 30 Minuten bei kleiner Flamme köcheln.

Anmerkung und Empfehlung:

Im 1. Weltkrieg kamen für dieses Gericht 3 Arten von Dosenfleisch in Frage:

»Canned Horse", „Bully Beef" oder „Monkey Meat".

Doughboy Cabbage Soup

Zutaten:

1 kleinerer Kohlkopf

3 Tassen Milch

1 Tasse Sahne

Salz und Pfeffer

Zubereitung:

Hacke den Kohl klein. Weiche ihn in Wasser ein und bringe ihm zum Kochen. Gieß das Kochwasser ab, rühre Milch,

Sahne, Salz und Pfeffer unter.

Lass das Gericht für 5 Minuten köcheln.

Anmerkung und Empfehlung:

Wer hatte, fügte diesem Rezept Speckwürfel oder klein geschnittenen Schinken hinzu.

Bullets in a pot

Zutaten:

  2 Pfund Bohnen
  1 Teelöffel Backpulver
  ¼ Pfund Salzfleisch oder Bacon
  1 Tasse Ketchup
  Salz und Pfeffer

Zubereitung:

Weiche die Bohnen über Nacht ein und bringe sie morgens zum Kochen. Füge das Backpulver hinzu und lass alles gründlich abtropfen.

Gib die Bohnen und das Schweinefleisch oder den Bacon in die Pfanne. Misch alles durch und koche die Zutaten, bis die Bohnen weich sind.

Gib Ketchup, Salz und Pfeffer nach Wunsch dazu.

Anmerkung und Empfehlung:

Serviere Gebäck nach Vorhandensein.

Goldfish Loaf

Zutaten:

- 2 Tassen Lachs aus der Dose
- 2 Tassen Semmelbrösel
- 1 geschlagenes Ei
- 3 Esslöffel Butter
- 3 Esslöffel Mehl
- 2 Esslöffel gehackte Petersilie
- Salz und Pfeffer
- 1 Becher Milch (untergemischt Lachsflüssigkeit aus der Dose)

Zubereitung:

Gieß den Lachs aus der Dose ab, stelle die Flüssigkeit beiseite. Schmilz die Butter in einer Pfanne und rühre behutsam das Mehl ein, bis die Soße eindickt. Mische die restlichen Zutaten unter.

Forme daraus einen Laib. Gib diesen in einer nicht abgedeckten Pfanne in einen, auf 350 Grad vorgeheizten Ofen. Backe den Laib für 30 Minuten.

Anmerkung und Empfehlung:

Serviere Salat oder Gemüse nach Vorhandensein.

Field Kitchen coffee

Zutaten:

- 1 Gallone kaltes Wasser

Schalen von 2 frischen Eiern
1,5 Tassen gemahlenen Kaffee
½ Teelöffel Salz

Zubereitung:
Gib Wasser, Kaffee und Salz in einen Topf und bring es zum Kochen. Leg die Eierschalen in die Flüssigkeit und koche alles für 10 Minuten.

Anmerkung und Empfehlung:
Verwende frische Eierschalen – keine gebrauchten!

S.O.S.

Zutaten:
2 Esslöffel Butter
2 Tassen Milch
¼ Unze Hackfleisch
2 Esslöffel Mehl
Salz und Pfeffer

Zubereitung:
Schmilz die Butter im Kochtopf über mittlerer Hitze. Rühre das Mehl unter, bis es glatt ist und zum Schäumen beginnt. Rühre nach und nach die Milch ein. Achte darauf, dass die Mischung cremig bleibt.

Füge das Hackfleisch hinzu.

Würze mit Salz und Pfeffer nach Wunsch und serviere die Mischung auf Toast.

Anmerkung und Empfehlung:
Serviere Beilagen nach Vorhandensein.

D-Bar-Schokolade

Zutaten:
- 4 Unzen Schokoladechips
- 2 Unzen Proteinpulver
- 1 Unze Bienenwachs oder Parafinwachs
- 1 Prise Cayennepfeffer

Zubereitung:
Mixe Wachs und Schokolade in einem Kochtopf. Gib Proteinpulver und Cayennepfeffer hinzu.

Mische alles kräftig durch, bis daraus eine homogene Masse entsteht.

Gieße alles in eine passende Form.

Anmerkung und Empfehlung:
Wichtig in diesem Rezept ist das Wachs! Es verhindert Schmelzen bei höheren Temperaturen. Iss nicht alles auf einmal – das gibt Bauchweh!

HALTBARE NAHRUNG

Die beste Waffe bringt einem Soldaten wenig, wenn er vor
Hunger umkippt.
Die ausgeklügeltste Ausrüstung hilft wenig, wenn sich der
Soldat vor Hunger nicht zu konzentrieren vermag.

Über Jahrhunderte hinweg gehörte ausreichende Versorgung
zu den primärsten Problemen einer Armee. Frische Artikel
gab es oftmals monatelang nicht. Umso dringender gestaltete
sich die Versorgung mit haltbaren Gütern. Fehlende
Grundversorgung untergrub die Moral und die Kampfkraft,
schwächte die Truppe und damit die Aussicht auf den Sieg.

> **Inschrift eines Pharaonen Grabes aus dem
> 3. Jhdt. v. Chr.:**
>
> Erhebe dich, o König! Nimm deinen Kopf,
> sammle deine Knochen, raffe deine Glieder
> zusammen, schüttle die Erde von deinem
> Fleisch. Empfange dein Brot, das nicht
> schimmelt, und dein Bier, das nicht schal
> wird!

Märchen wie die Geschichte vom »Schlaraffenland« erzählen
von leeren Bäuchen vergangener Epochen und dem Wunsch
nach ausreichender Nahrung.

Ein Blick zurück zeigt, welchen immensen Aufgaben sich die Militärlogistik seit jeher zu stellen hatte, um die Truppen regulär und in ausreichender Menge zu versorgen. Alte wie neue Methoden der Haltbarmachung erschienen für die Versorgung optimal!

Kühlung

Seit der Eiszeit (um 10.000 v. Chr.) froren Menschen ihre Beute/Nahrung ein.

Vor über 3.000 Jahren verfügte China über Eishäuser. Antike Griechen und Römer nutzten Schnee zur Kühlung aus den Bergen.

326 v. Chr. nutzte »Alexander der Große« Gefriergruben bei der Belagerung der Festung Aornos.

Schnee- und Eiskeller sowie Eishütten dienten der über Jahrhunderte hinweg der Zivilbevölkerung, Lebensmittel im Hochsommer kühl und genießbar zu halten.

Der Eisschrank und sein Nachfolger der Kühlschrank, eroberten rasch Herzen und Küchen.

Gefriertrocknung, wie viele sie von Kaffeepulver kennen, existierte bereits vor über 10.000 Jahren in Asien und in Südamerika.

Trocknung

Trockenfleisch gehörte über Jahrhunderte zu den beliebtesten Methoden der Truppenversorgung. Unabhängig von Klima und Wetter blieb Trockennahrung haltbar und eignete sich damit optimal zur Versorgung von Soldaten und Matrosen.

Franziskaner Wilhelm von Rubruk, Forschungsreisender des 13. Jhdt. Über die Methoden der Mongolen:

Wenn es geschieht, dass ihnen ein Ochs oder ein Pferd krepiert, so dörren sie das Fleisch, indem sie es in dünne Streifen zerschneiden und in die Sonne und in den Wind hängen. Es wird ohne Salz sofort dürr, ohne irgendwelchen schlechten Geruch an sich zu haben.

Der Römer Cato (150 v. Chr.) in seinen Abhandlungen über die Landwirtschaft (De agri cultura):

Schinken erst 12 Tage in Salz einlegen, dann mit Öl und Essig einreiben und zum Trocknen aufzuhängen.

Jacques Le Moynes über die Indianer Nordamerikas:

Sie stecken 4 Stangen in die Erde, die sich oben gabeln. Darauf legen sie andere, so dass eine Art Gitter entsteht. Darauf legen sie das Wild und

machen darunter ein Feuer, um es (das Fleisch) im Rauch zu härten. Dabei gehen sie sehr sorgfältig zu Werke, damit das Trocknen ohne Fehler vonstatten geht und das Fleisch vor dem Verderben bewahrt wird.

Salzen und Pökeln

Seine Hochblüte erreichte Salzen und Pökeln im Mittelalter. Vielfach verflucht und gehasst nutzte das Militär über Jahrhunderte hinweg gepökelte und gesalzene Nahrung zur Truppenversorgung und Wegzehrung.

Für Pökeln brauchte es hohe Mengen Salz. Es entwässerte und konservierte damit Fleisch, verhinderte Insektenbefall und Verderb. Gleichzeitig ließ sich damit die zugeteilte Salzration in Feld und Lager senken.

Räuchern in Verbindung mit Trocknen und Salzen

Rauchfleisch war nicht unbedenklich. Abhängig von Wassergehalt und verwendeter Holzart, dem konkreten Verfahren sowie Sauerstoffkonzentration und Temperatur beim Räuchern, entstehen beim Verglimmen unterschiedliche, flüchtige Komponenten, die im Räuchergut gespeichert bleiben.

ZEDLER'S Grosses vollständiges

Einlegen

Seit der Antike legten Menschen Nahrungsmittel in Essig, Öl, Fett oder Alkohol ein. Pilze und Bakterien fanden kein ausreichendes Umfeld, wodurch die Nahrung länger hielt.

Dies betraf konserviertes Fleisch unter Unmengen Fett (Assyrer und Araber), Wassergeflügel in Krügen unter einer Fettschicht (antike Ägypter), in einer Salzlösung eingelegtes

Gemüse (Römer) gleichermaßen wie in Essig eingelegte Eier (Chinesen).

Milchsäuregärung

Zu den bekanntesten, milchsauer vergorenen Lebensmitteln gehört Sauerkraut. Ihm verdanken deutsche Spitznamen wie „Krautesser" oder „the krauts".

Gesäuerten Kohl und Reis aßen bereits die Arbeiter beim Bau der »Chinesischen Mauer«. Tartaren und Mongolen brachten das Sauerkraut mit in den Westen. Hippokrates empfahl es zur Heilung und Genesung.

Auf Kapitän James Cooks Forschungsschiff Endeavour verspeisten die Matrosen Sauerkraut und frisches Fleisch – im Gegensatz zur üblichen Schiffskost aus gesalzenem Schweinefleisch, Zwieback und Alkohol wie Rum. Seine Mannschaft litt – im Gegensatz zu anderen Schiffen – nicht an Skorbut.

Einmachen und Einwecken

Überdruck sorgte für Entweichen von Luft und Wasserdampf. Beim Abkühlen zog sich die restliche Luft zusammen, wodurch Unterdruck den Deckel des Behälters luftdicht verschloss.
Entwickelt im 17. Jahrhundert fand diese Methode rasch ihren Weg in den zivilen Sektor.

Konservendose

Gefertigt aus Aluminium, Weißblech, Blech oder verzinntem Stahl revolutionierte die Konservendose die Versorgung der Soldaten. Luftdicht verschlossen hielt der Behälter die Nahrung über viele Jahrzehnte hinweg genießbar.

Instant Suppenpulver

1540 berichtete ein spanischer Forschungsreisender von „Suppenpulver". »American Native« zerstießen getrocknetes Fleisch zu Pulver, das sie bei Bedarf zu Suppe aufkochten.

1756 präsentierte Johann Heinrich Pott dem preußischen König ein Pulver, das sich in kochendem Wasser zu wohlschmeckendem Brei anrühren ließ.

100 Jahre später versuchte sich Frankreich an Suppentafeln aus gepresstem Fleisches mit Gemüse.

In den 1880er Jahren stand erstmals der allseits bekannte Brühwürfel zum Verkauf.

MRE – „Meal Ready To Eat"

Unaufhaltsam schritt die Entwicklung voran. Soldaten verfügen inzwischen über lange haltbare und kalorisch hochwertige Lebensmittel.

Moderne MRE beinhalten ganze Menüs für den Tag. Ihre enorme Vielfalt bietet für jeden das passende Gericht und die richtige Speise.

Sie sind nicht länger ausschließlich dem militärischen Sektor zugeordnet – inzwischen gibt es ganze Reihen ziviler MRE, gekauft bevorzugt von Wanderern, Sportlern, Survival-Fans und Preppern. Hohe Qualität und hohe Zufuhr an Energie- und Nährstoffen, sichern ausreichende Versorgung für den ganzen Tag und für große Leistungen.

Inzwischen gibt es eigene Vlogs, in denen User die unterschiedlichsten MREs durchtesten und feststellen, dass viele ausgesprochen gut schmecken.

Modernste Technologien arbeiten nach wie vor daran, den aktuellen Standard erneut zu erhöhen. Darunter fällt beispielsweise die letzte Errungenschaft aus militärischen Labors – die TTI-Etiketten. Ihre Anwendung verbesserte Lagerüberwachung und -nutzung um ein Vielfaches. An MRE-Versandbehältern angebracht, sanken Schwund, Verderben, Verschwendung und Inspektionszeit auf drastische Weise. TTI-Etiketten erleichtern seither die Arbeit der Lebensmittel-inspektoren gravierend.

Ein Ende der MRE-Weiterentwicklung ist vorerst nicht in Sicht.

[107]

Künftige Forschungsziele

- Müllminimierung (Beseitigung folienbasierter Verpackungskomponenten)
- Reduzierung der Verpackungskosten
- Verbesserte Zuverlässigkeit
- Vermindertes Gewicht
- Biologisch abbaubare Verpackungsmaterialien

Erwünschter Effekt auf Soldaten durch Weiterentwicklung der Verpflegung.

- Erhöhte, geistige Wachsamkeit und Aufmerksamkeit
- verbessertes Denken
- reduzierter Kampfstress
- längeres Durchhaltevermögen

Heute stehen uns erstaunliche Technologien zur Verfügung. Genetisch veränderte Nahrungsmittel wie Mais oder Soja sind inzwischen Standard. Wo ist die Grenze?

Mit Gentechnik und anderen Technologien bieten sich im Feld der (militärischen) Lebensmittelforschung sagenhafte Möglichkeiten. Wir wissen, dass Essen Laune, Entwicklung und Leistungsfähigkeit jedes Einzelnen zu beeinflussen vermag.

Realistisch betrachtet ist es denkbar, dass die Forschung an genetischen Komponenten arbeitet, die Krankheiten unterdrücken oder Wunden rascher zu heilen vermögen.

Wir wissen allerdings nicht, in welche Richtung sich die Militärnahrung der Zukunft entwickelt.
Bezugnehmend auf vergangene Epoche, ist es eine reine Zeitfrage, bis neue Entwicklungen Zivilisten zur Verfügung stehen.

MRE für Zivilpersonen

Ihre extrem lange Haltbarkeit und das geringe Gewicht eignen sich für verschiedenste Outdoor-Aktivitäten. Verzehrfertig vorbereitet sind sie kalt wie warm genießbar.

2012 ginge die Welt unter – dachten viele, indem sie sich am Maya Kalender orientierten. Eines brachte die Welt-untergangsstimmung mit sich: ziviles Interesse an MREs. Namen wie „Adventure Meal" oder „Survival Food" sprachen bald unterschiedlichste Interessen und Gruppen an.

Bis 2000
Firma Sopakco („Sure-Pak 12" und „M-Packed")
Firma Wornick („Mil-Spec")

2001
Wornick fiel weg
Sopakco stampfte „M-Packed" ein
„Sure-Pak 12" blieb als einziges Produkt am freien Markt erhältlich

2005 – Hurrikan Katrina
Ameriqual, Sopakco und Wornick nutzten neue Vertriebsmöglichkeiten

neue zivile Linien kamen auf den Markt

andere Firmen stiegen ein und entwickelten eigene Produkte

<u>2012</u>

viele glaubten den Maya-Prophezeiungen und deckten sich mit Vorräten jeglicher Art ein

Firmen erkannten ihre Chance und entwickelten verschiedenste MRE-Marken für unterschiedlichste Wünsche.

<u>Heute</u>

Online-Shops bieten eine exorbitante Auswahl verschiedenster MRE an. Ein Ende neuer Sorten ist bis dato nicht in Sicht.

<u>Vorteile:</u>

- Vielfältige Auswahl
- Mehrere Gänge
- Selbstheizende Kochbeutel
- Ungeöffnete Teile sind weiterhin lagerbar
- Hohe Kalorienanzahl – mit Packungsangaben
- Wasserdichte Verpackung

<u>Nachteile:</u>

- Voluminöse Verpackungsmengen
- Hohe Mengen Plastikmüll
- Vertrieb in Spezialgeschäften oder -onlinshops

NACHWORT UND FAZIT

Unsere Generationen stehen vor einem, geschichtlich betrachtet, bisher unbekannten Problem:
die schier unendliche Auswahl frischer und haltbarer Lebens- und Nahrungsmittel.

Wie oft stehen wir in den Supermärkten vor überfüllten Regalen und überlegen, was wir kaufen und verzehren sollen. Wir sind überfordert von all den Angaben auf den Verpackungen, die wir großteils nicht verstehen. Diverse Gütesiegel geben ihren Segen auf den Artikel, unterschiedlichste Ernährungsexperten raten und empfehlen Diäten und konkrete Essenspläne.

Wie gesund sind diese Empfehlungen?

Lange Arbeitstage ermüden uns, wir greifen oft wahllos zu, lassen uns von unseren genetischen Bausteinen zu fettigem und überzuckertem Essen ermuntern – als Belohnung.

Kaum jemand setzt sich nach einem erschöpfenden Arbeitstag hin, um Ursprung und Geschichte eines Lebensmittels zu erforschen. Blindes Vertrauen in Gütesiegel und leere Versprechungen, Werbemittel der Märkte und die eigene Bequemlichkeit verschleiern vieles.
Wissen wir in der Praxis, woher all die Produkte stammen und welche Geschichte sich hinter ihnen verbirgt? Es reicht nicht, die Namen der Marken und Vertreiber zu kennen.

Militärischer Entwicklungsgeist und Forscherdrang schufen Sportlernahrung, Energieriegel und vieles mehr. Hochkalorische, schmackhafte Güter, die der durchschnittliche Bürger nicht benötigt, landen immer öfters im Einkaufswagen. Für Soldaten im Einsatz gedacht, belohnt sich der Normalsterbliche heute gerne mit Süßigkeiten, Fertiggerichten und anderen leckeren Dingen aus militärischen Forschungslabors.

Wir verdanken den militärischen Einrichtungen wie dem US-Armee-Forschungskomplex „Natick Soldier Systems Center« eine Menge. Sie entwickelten neben unterschiedlichsten Gerichten und Speisen beispielsweise das HPP Verfahren (High Pressure Preservation), das durch Druck von bis zu 6.000 bar die Haltbarkeit der Lebensmittel dramatisch erhöht. Binnen kürzester Zeit fand es – wie vieles andere – seinen Weg zum Zivilisten.

Aktuelle und drohende Kriege fordern den menschlichen Entwicklungsgeist seit jeher heraus. In ruhigeren Zeiten profitiert die Zivilgesellschaft von militärischen Entwicklungen jeglicher Art.

> **Zitat Heraklit:**
> Der Krieg ist der Vater aller Dinge.

Hatte Heraklit unrecht?

TABELLEN

1/4 Cup = ca. 60 ml, (30g Mehl oder 55g Butter)

1/2 Cup = ca. 120 ml (60g Mehl oder 110g Butter)

1 Cup = ca. 240 ml, (120g Mehl oder 225g Butter)

1 ounces (Unzen) = 28 Gramm

1 fluid ounces = 30 ml

1 Pfund = 0,5 Kg

1 Pint = ca. 0,5 L

32° Fahrenheit = 0° C

212° Fahrenheit = 100° C

350° Fahrenheit = ca. 180° C

400° Fahrenheit = 205° C

1 Firkin = 56 Pfund Butter oder 64 Pfund Seife

1 Morgen = rund 0,25ha

GB: 1 fluid ounze (fl oz) = 28,4130625 ml
USA: 1 fluid ounze (fl oz) = 29,5735295625 ml

LITERATURVERZEICHNIS

- **The Art of Cookery Made Plain and Easy,** Hannah Glasse, 336 Seiten, Applewood Books, ISBN: 978-1-55709-462-9
- **Küchen der Welt: Amerika**, Angela G. Grant, 144 Seiten, Gräfe und Unzer, ISBN-10: 3774220735
- **Wartime Cookbook**, Anne und Brian Moses, 48 Seiten, Hodder Wayland, ISBN-10: 0750222999
- **Hardtack and Coffee or The Unwritten Story of Army Life**, John D. Billings, 224 Seiten, CreateSpace Independent Publishing Platform, ISBN-10: 1530731305
- **The Civil War Cookbook: Recipes from the Army Camps**, Janet Gray, 128 Seiten, Keepsake Cookbooks, ISBN-10: 1885507143
- **Summary of operational Rations**, Vera C. Mason, Alice I.Meyer, Mary V. Klicka, June 1982, Technical Report NATCIK/TR-82/013
- **Victor Charlie: Viet Cong der unheimliche Feind**, Kuno Knöbl, 460 Seiten, Fritz Molden Verlag, ISBN: -
- **Der Weg des Voodoo. Von den Grundlagen zur Praxis,** Papa Nemo, 150 Seiten, Edition Esoterick, ISBN-10: 3936830010
- **Amerika - Das Kochbuch: Das Beste von Alaska bis Florida**, Elena Rosemond-Hoerr und Caroline Bretherton, 256 Seiten, Dorling Kindersley, ISBN-10: 3831027390

- **Battlefields of Honor: American Civil War Reenactors**, Mark Elsonn, 2012, 176 Seiten, ISBN-10: 185894578X
- **Bourbon and Bullets: True Stories of Whiskey, War, and Military Service,** John C. Tramazzo, 288 Seiten, Potomoc Books Inc, ISBN-10: 164012103X
- **Homefront Cooking: Recipes, Wit, and Wisdom from American Veterans and Their Loved Ones,** Tracey Enerson Wood und Beth Guidry Riffle, 240 Seiten, Skyhorse Pub, ISBN-10: 1510728708
- **Voices From the Kitchen: A Collection of Antebellum and Civil War Era Recipes From Period Receipt Books,** David W. Flowers, 207 Seiten, Independently published, ISBN-10: 1980344426
- **Cooking & Baking During the Time of the War for American Independence,** Robert W. Pelton, 254 Seiten, Createspace, ISBN-10: 1453795499